GUIDE DE SURVIE POUR ADOLESCENTS

101 Conseils essentiels que les garçons doivent suivre pour surmonter tous les obstacles et réussir dans la vie

Index

INTRODUCTION

La plupart des gens ne découvrent qui ils sont, ce en quoi ils croient et ce qu'ils veulent faire dans la vie qu'à l'âge adulte. Mais la partie la plus marquante de notre vie est certainement la première, lorsque nous sommes enfants puis adultes. C'est à ce stade que nous apprenons à nous comprendre et à définir les objectifs qui nous accompagneront toutes les années suivantes.

C'est précisément pour cette raison qu'il est très important de ne pas atteindre cet objectif trop tard.

Il est crucial d'apprendre maintenant qui tu es et ce que tu veux vraiment, car plus tu commences tôt, mieux tu te porteras à l'avenir. Tu peux vraiment tirer le meilleur parti de ton adolescence afin d'obtenir le meilleur dans ton avenir.

Mais par où commencer ?

Il n'est certainement pas facile de trouver des ressources qui puissent t'aider dans cette voie. De plus, dans la plupart des cas, il s'agit de livres, d'articles ou d'autres contenus qui se rapportent spécifiquement à une période de la vie et qui ne donnent guère d'instructions sur la manière de conserver ces leçons importantes pour l'avenir, afin qu'elles soient toujours utiles et que tu puisses les utiliser dans ta vie d'adulte, en suivant toujours leurs conseils.

Pourtant, cela devrait être ton objectif. La vie est en perpétuel changement et c'est toi qui la façonne en permanence, chaque jour, quel que soit ton âge. Il n'est jamais trop tôt (ni trop tard) pour prendre les rênes en main et se mettre sur la bonne voie.

C'est précisément le but de ce livre. Avec cet outil pratique, tu as entre les mains un point de référence pour naviguer en toute sécurité dans les eaux de la vie. Grâce aux conseils pratiques contenus dans ces pages, tu peux vraiment apprendre à te connaître et à connaître le monde qui t'entoure, apprendre à te comporter correctement envers toi-même et les autres, et grandir et t'améliorer chaque jour jusqu'à atteindre l'avenir que tu souhaites pour toi.

Pour faciliter la lecture, ce livre est divisé en quatre sections thématiques : ton esprit, ton corps, ton école et tes relations, avec une section supplémentaire qui contient quelques autres conseils. Chaque section est consacrée à un aspect particulier de ta vie, allant de ton intérieur à ton extérieur, en passant par tes relations avec les autres, proches ou lointaines.

Dans chacune de ces parties, tu trouveras de nombreux chapitres qui t'accompagneront dans tes défis quotidiens. Tu découvriras de nombreuses petites astuces et secrets qui faciliteront cette période turbulente, mais aussi amusante, et tu feras la connaissance de tes voisins et de nombreuses nouvelles personnes. Et n'oublie pas de partager tout ce qui est intéressant avec tes amis !

En bref, sans attendre une minute de plus, voici le livre que tu attendais. Nous espérons qu'il t'aidera à mieux te comprendre et à mieux comprendre la vie. Lis-le du début jusqu'à la fin, prends des notes et n'oublie rien.

Bonne lecture !

PARTIE 1:
TON ESPRIT

Chapitre 1:
Tu changes, et alors ?

Dans ce chapitre, tu apprendras à t'adapter aux changements, car tu es une partie inévitable de la vie.

Tu l'as certainement déjà remarqué : la puberté est l'âge du changement par excellence. Tout le monde change, toi aussi, et tu dois soudain apprendre à gérer ce processus que tu pouvais encore ignorer sereinement il y a quelques années.

La première réaction face à quelque chose d'inconnu est bien sûr la peur : il est normal de se sentir nerveux et non préparé, car tu ne sais pas ce qui t'attend. Mais si tu te laisses guider par la peur, tu finiras par te sentir déçu, stressé et malheureux.

La première façon d'éviter ce piège potentiel est de reconnaître simplement que le changement fait partie de la vie et qu'il faut donc l'accueillir à bras ouverts. Une fois que tu auras reconnu cette simple vérité, il te sera facile d'apprendre à suivre le changement, où qu'il te mène.

Que peux-tu faire ? Continue à lire pour le savoir.

1 - Le changement est inévitable...

Le changement est inévitable. Plus vite tu accepteras ce fait, mieux ce sera. Essayer de créer une vie qui reste toujours la même est totalement impossible, et s'y efforcer ne mène qu'au malheur, aux regrets et à la douleur. Il ne reste donc rien d'autre à faire que d'accepter l'inacceptable : Tout change.

Bien sûr, tu ne seras pas en mesure d'anticiper tout type de changement. Cependant, tu peux apprendre à anticiper le fait que le changement va se produire, que tu l'aies imaginé ou non. De cette manière, tu éviteras d'être pris au dépourvu lorsque ce moment arrivera. Cela signifie également que tu ne perdras pas de temps à poursuivre quelque chose dont tu sais déjà qu'il est totalement impossible de l'obtenir.

2 - ... et cela se passe en ce moment même

Pour prouver que le changement est inévitable, tu dois savoir ce qu'il se produit aussi en ce moment même, alors que tu lis ce livre. En ce moment même, ton existence est déjà en train de changer. Réfléchis à cela : L'être humain perd environ 600.000 fragments de peau chaque heure (pas moins de sept kilos de peau par an !). Et ce n'est pas tout. Même les cellules des parois intestinales sont entièrement remplacées par de nouvelles «collègues» tous les trois ou quatre jours.

Même la salive change constamment, car notre corps produit toujours de la nouvelle salive alors que nous utilisons la salive produite précédemment.

Bref, voici une nouvelle preuve de ce que j'avance : le changement est, en effet, inévitable, à commencer par notre propre biologie. Il est littéralement inscrit dans notre corps. C'est pourquoi il est totalement impossible d'essayer de l'éviter, tout comme il serait impossible de conserver ses propres cellules mortes ou d'empêcher la formation d'une nouvelle salive.

Il n'y a pas d'autre choix que de l'accepter.

3 - Gérer les déceptions

Si les changements sont inévitables, s'attendre à ce qu'ils ne se produisent pas peut entraîner de grandes déceptions.

Quand on grandit, il est normal d'être déçu parce que les choses ne se passent pas comme on le souhaiterait ; il est facile de croire que c'est le monde entier qui échoue et pas soi-même. Cette vision des choses est très répandue, et pourtant, elle n'aide en rien à se sentir moins déçu, moins blessé, moins triste.

Et ce, avant même de considérer qu'elle est en réalité totalement fausse. Ce n'est certainement pas le monde qui ne fonctionne pas et qui n'apporte que des déceptions, bien au contraire. En fait, il est normal que les attentes vis-à-vis du monde et de ce que nous attendons de la vie nous amènent à nous sentir insatisfaits.

C'est donc ici que nous devons examiner les raisons de cette déception. Le problème, comme nous l'avons déjà dit, est que «les choses ne se passent pas comme tu le souhaites». Cette phrase implique que tu as déjà une sorte d'attente de ce que ta vie devrait être ou de ce que tu aimerais réaliser.

Et pourtant, c'est un fait que la vie se déroule rarement comme nous le souhaitons. Ce n'est pas parce que tu fais un vœu que tout se déroulera selon ton plan. Il est beaucoup plus probable que les choses se déroulent différemment de ce que tu souhaites. Ce sont donc précisément ces attentes qui t'apportent des déceptions, et non pas le monde.

4 - Vérifier tes attentes

Au lieu de souhaiter quelque chose de totalement irréalisable, tu pourrais simplement espérer que les choses se déroulent comme tu le souhaites, tout en sachant que ce ne sera peut-être pas le cas. Cette simple option, le fait de savoir que les choses peuvent prendre un autre chemin, te permettra d'être moins déçu lorsque cela se produira.

«Mais quel est le rapport avec le changement ?», te demanderas-tu peut-être.

Eh bien, la plupart des gens n'ont pas tellement peur du changement en lui-même, mais de tout ce qu'il implique et qu'ils n'ont pas envisagé. En bref, ils ont peur que le changement réduise leurs projets à néant, qu'ils ne puissent pas réaliser ce qu'ils avaient imaginé. Donc, en changeant tes attentes et en prenant ainsi en compte le fait que les choses changent et ne correspondent donc pas à tes plans, tu peux aussi surmonter la peur de cet événement.

5 - Les deux facettes du changement

Le changement n'apporte-t-il donc que du négatif ? Ne fait-il qu'anéantir nos projets ?

Non, bien sûr que non. Le changement a deux côtés : un côté positif et un côté négatif. D'un côté, c'est une opportunité positive, car elle nous aide à grandir et à atteindre nos objectifs. Un bon exemple de changement positif est par exemple la chance d'avoir un nouvel ami : C'est un événement excitant qui peut aussi faire de toi une meilleure personne. Mais d'un autre côté, un changement peut aussi apporter quelque chose de négatif, être effrayant, et même (parfois) blessant.

Un exemple de cette catégorie pourrait être un ami proche qui déménage loin.

Les gens ne reconnaissent généralement que les changements négatifs comme tels. Les changements positifs existent pourtant. Nous les accueillons naturellement, comme un vieil ami. En revanche, nous n'aimons pas le changement négatif, car il n'est pas amusant. Pourtant, il faut aussi l'accueillir et l'accepter, car il fait partie de la vie. Et au final, même le changement négatif nous aide souvent à grandir, peut-être même plus que le changement positif.

6 - Quelle est ta perspective ?

Mais qu'est-ce qui rend un changement positif ou négatif ?

La plupart du temps, cela dépend simplement de la manière dont tu vois les choses. La manière dont tu perçois les choses dépend de ton point de vue. Réfléchis-y un instant : si tu essaies de te faire de nouveaux amis, cet événement sera naturellement perçu comme un changement positif et tu seras heureux d'en trouver un. C'est donc ta perspective sur l'avenir qui te permet de considérer la situation comme une réussite. Tu es heureux et tu ne te poses pas trop de questions.

En revanche, il en est tout autrement lorsque nous sommes confrontés à un changement négatif. Comme nous l'avons déjà mentionné, ce sont les attentes qui conduisent dans la plupart des cas à des déceptions, et celles-ci sont souvent liées à un changement négatif. Si tu attends une chose d'un changement et que tu obtiens autre chose, tu ressentiras inévitablement l'événement comme négatif. Tu espères que les choses auraient été différentes.

C'est une preuve que tu dois absolument apprendre à gérer tes attentes si tu veux être heureux et atteindre tes objectifs. Tu seras alors moins déçu si un changement négatif se produit. Par conséquent, au lieu de considérer les changements individuels comme positifs ou négatifs, il est préférable de voir le changement comme quelque chose qui est simplement là, que tu ne peux pas éviter et qui te permet de toute façon de grandir et d'apprendre. Même si un événement particulier te semble négatif et douloureux à ce moment-là, il peut t'enseigner une leçon importante et, surtout, t'amener à voir le monde d'un œil nouveau. Et c'est ce qui transforme même un changement négatif en quelque chose de positif.

7 - C'est normal d'avoir peur

Tu comprendras maintenant qu'il n'y a aucune raison d'avoir peur du changement, n'est-ce pas ? Mais c'est plus facile à dire qu'à faire.

N'aie pas peur, ce n'est pas ta faute. Il est normal d'avoir peur de nouvelles choses, et c'est très bien. Il n'y a aucune raison de se décourager parce que l'on ressent un peu de peur. Il serait plus étrange de ne pas la ressentir du tout. Après tout, nous aimons tous ce qui nous est familier et connu. C'est plus confortable, et le confort est quelque chose que nous recherchons constamment. Le changement, en revanche, nous oblige à nous mettre dans un état d'inconfort et nous fait donc peur.

Prends-en acte, c'est tout. Si le changement est inévitable, la peur de la nouveauté l'est aussi. Mais heureusement, il n'y a pas de mal à avoir peur.

8 - Le changement fait partie de la croissance

Les changements sont particulièrement fréquents à l'adolescence, qui est l'âge du changement par excellence. Pourquoi ? Parce qu'on ne peut grandir qu'en changeant.

Grandir est difficile, justement parce qu'on change tout le temps : l'esprit, le corps, toute la vie, tout le temps. Il y a du nouveau pratiquement à chaque coin de rue, alors il vaut mieux apprendre à vivre avec.

D'un autre côté, tu continueras à être confronté à de nombreux changements, même si ce ne sera certainement pas aussi fréquent. Ainsi, tu continueras simplement à grandir, quel que soit ton âge. De cette façon, tu apprendras de nouvelles choses et tu deviendras la personne que tu veux être.

Pense aussi à l'avenir à ne pas avoir honte, à ne pas avoir peur, mais à accepter simplement les changements comme faisant partie du voyage.

9 - Tu peux changer...

Entre-temps, il est clair que tu vas changer, que tu le veuilles ou non. Tu peux donc tout aussi bien accepter ce changement.

L'une des parties les plus difficiles de l'adolescence est de comprendre qui nous sommes. Il semble que nous ne le comprenions jamais vraiment, car à chaque fois que nous nous approchons d'une réponse, elle semble avoir changé. Mais c'est justement le but : qui nous sommes change constamment pour s'adapter au passage du temps. Notre corps, notre esprit, nos sentiments, notre perception de nous-même changent constamment, et à juste titre.

Permets-toi de toujours changer, de toujours grandir. Apprends à te connaître chaque jour : tu n'auras jamais fini. Essaie toujours de découvrir quelque chose de nouveau en toi et poursuis toujours la version de toi que tu veux devenir.

Mais si tu peux te changer toi-même, qu'en est-il des autres ?

10 - ... et d'autres peuvent également

L'un des aspects les plus difficiles de l'adolescence est de se rendre compte que les gens et les choses autour de soi changent aussi irrémédiablement. En grandissant, les parents commencent à changer sous les yeux de l'enfant, les amis semblent s'éloigner et rien n'est plus comme avant. La réaction la plus naturelle est d'essayer de s'y opposer et de se mettre en colère contre les personnes qui insistent pour changer alors que nous préférerions qu'il en soit autrement.

Néanmoins, tu dois apprendre à permettre aux autres de changer, comme tu le fais. Après tout, le changement est aussi inévitable et continu pour eux. C'est pourquoi il est faux d'attendre des autres qu'ils restent toujours les mêmes, et cela pourrait même être douloureux.

Tu dois donc apprendre à toujours permettre aux autres de changer, même si cela signifie qu'ils prennent d'autres chemins. Par exemple, si quelqu'un change pour le pire, il est normal et juste de s'en séparer pour que tu puisses continuer à devenir la meilleure version de toi-même. Mais tu apprendras aussi à te rapprocher de plus en plus de ceux qui changent pour le mieux, comme tu veux le faire.

Et alors, tes relations avec les autres changeront en conséquence, comme tout le reste dans la vie, afin que tous grandissent ensemble.

11 - Aie l'esprit ouvert

Nous avons dit que tout changeait constamment, mais alors comment atteindre ses objectifs et devenir la personne que l'on veut être ?

La réponse est simple : il faut toujours être flexible pour s'adapter à toutes les éventualités. La flexibilité est la clé du succès. Une vision trop rigide de soi-même et de ses objectifs ne fait que créer des problèmes lorsque des changements surviennent et que l'on doit se réorienter.

En d'autres termes, essaie toujours de rester ouvert, à la fois à toi-même et à ton environnement, mais surtout à tes objectifs et à tes désirs. Engage-toi à t'adapter à tout ce que la vie te présente et à faire sans cesse de nouveaux projets pour continuer à réussir, même si c'est d'une manière différente.

Si tu restes toujours ouvert, tu feras des progrès, même si tout doit changer autour de toi.

12 - Vivre chaque instant

Il est facile de se sentir submergé par tout cela, par les changements et la nécessité de s'adapter en permanence. Il serait bien plus confortable de mener une vie sans peurs ni soucis, où tout se déroulerait comme prévu. Mais c'est justement parce que ce n'est pas le cas, justement parce que des changements ont lieu, qu'il faut apprendre à accepter la vie, même si elle est différente de ce à quoi on s'attendait.

Essaie d'accepter chaque instant tel qu'il est. Il y a un temps pour le changement, tout comme il y a un temps pour la stabilité. Accueille le changement de manière positive, même si cela ne semble être qu'une petite flamme qui éclaire le chemin. Accepte chaque instant tel qu'il est, et de cette manière, tu pourras être vraiment heureux beaucoup plus souvent.

Tout peut changer, alors vis chaque instant.

EN BREF

Il est facile d'être submergé par le sentiment que le changement est quelque chose de négatif qu'il faut éviter à tout prix. C'est pourtant une partie inévitable de la vie. Même en ce moment, tu es constamment en train de changer.
Prends donc conscience que toi et ton environnement êtes constamment affectés par le changement. Crée des attentes suffisamment souples pour prendre en compte tout ce qui pourrait évoluer différemment de ce qui était prévu. Ce n'est qu'en apprenant à rester toujours ouvert et à tout accepter comme il vient que tu pourras te développer au mieux et être heureux.

Chapitre 2:
Pourquoi n'es-tu pas comme les autres ?

Dans ce chapitre, tu apprendras que, même si tu te sens bizarre, tout le monde est dans la même situation et que toi aussi, tu es normal.

Comme nous l'avons déjà mentionné dans le chapitre précédent, l'une des parties les plus difficiles de l'adolescence est d'apprendre à se comprendre soi-même. Il faut du temps et de l'expérience pour saisir tous les aspects de sa personnalité, et il n'y aura jamais de moment où l'on sera totalement conscient de qui l'on est. Se connaître soi-même est cependant un objectif important à poursuivre dans la vie, car c'est ainsi que l'on peut apprendre à se respecter et à vivre la vie que l'on veut vraiment.

Une partie importante de la connaissance de soi consiste à accepter qui tu es et à reconnaître que tu es, toi aussi, normal. En grandissant, il est normal de se demander si l'on est normal, si les autres ressentent la même chose que nous, et il est tout aussi normal de se sentir seul face à ses expériences.

Il est donc important de reconnaître que ce que tu vis n'est pas seulement tes propres difficultés. Nous traversons tous, d'une manière ou d'une autre, les mêmes étapes de la vie, marquées par les mêmes difficultés. Et en effet, grandir signifie aussi se sentir constamment différent des autres. Plus tôt tu réaliseras que ce n'est pas le cas, mieux tu vivras ta vie sereinement.

C'est pourquoi les points suivants t'aideront à comprendre à quel point tu es normal, afin que tu puisses vivre le mieux possible en sachant cela.

13 - Nous sommes tous dans le même bateau

La première leçon que nous devons apprendre est la suivante : nous sommes tous dans le même bateau.

Nous nous demandons tous constamment si nous sommes normaux ou non. Le simple fait que tu te poses cette question montre que tu es normal. Tout le monde, en tout temps et en tout lieu, a toujours ressenti la pression de ressembler à ses pairs et d'être une personne «normale» à tout prix. Cela s'applique à tout le monde, du camarade de classe particulièrement populaire à l'homme à succès que tu admires et auquel tu aimerais ressembler.

Il te suffit de prendre conscience que tout le monde, mais vraiment tout le monde, est exactement comme toi. À partir de maintenant, tu peux commencer à voir les gens tels qu'ils sont vraiment, y compris toi-même. Toi y compris. Il n'y a aucune raison de mettre quelqu'un sur un piédestal ou d'attendre trop de soi-même.

Nous sommes tous dans le même bateau, et cela signifie que nous avons tous des doutes et des craintes.

14 - Qu'est-ce qui est «normal» ?

Que signifie «normal» ?

Nous essayons tous tellement d'utiliser ce mot pour nous définir, alors qu'il n'y a pas vraiment de définition correcte. Notre idée de la «normalité» change énormément en fonction de notre âge, du cercle d'amis dans lequel nous nous trouvons et de la situation dans laquelle nous nous trouvons.

C'est pourquoi, quand on y réfléchit, il n'y a pas qu'une seule façon d'être normal, mais de nombreuses normalités différentes.

Réfléchis un peu à cela : combien de fois tes amis et toi avez-vous imaginé une blague qui avait du sens pour vous, mais que personne d'autre ne pouvait comprendre ? Ce qui est normal pour toi ne l'est peut-être pas pour tes parents ou pour quelqu'un à l'autre bout du monde.

Comprendre qu'il n'existe pas de normalité absolue peut t'aider à t'accepter toi-même et à accepter ton environnement. Et si quelque chose, aussi «normal» que cela puisse paraître, ne te semble pas juste, c'est probablement qu'il ne l'est pas pour toi et que ce n'est pas ton état normal. N'oublie jamais que ce concept peut changer, et donc que ce qui est juste pour toi à un moment donné change aussi.

Et ce n'est pas tout : si tu rencontres quelqu'un qui te semble étrange, moins «normal», il est fort probable qu'il pense exactement la même chose de toi. La bonne nouvelle, cependant, c'est que vous êtes en fait tous les deux tout à fait normaux. C'est simple : tout le monde est normal à sa manière.

15 - Il y a toujours d'autres personnes comme toi

Mais si chacun est normal à sa manière, cela signifie-t-il que nous sommes tous seuls ?

Pas du tout. Le secret, c'est de trouver des amis avec lesquels tu peux construire une vraie relation, avec lesquels tu peux être toi-même. En bref, des amis qui sont aussi «normaux» que toi. De cette façon, non seulement l'amitié sera plus facile, mais tu pourras aussi profiter davantage de la vie.

Si, au contraire, l'amitié te semble imposée ou si tu dois te faire passer pour quelqu'un d'autre juste pour faire partie du groupe, alors ce ne sont pas les bons amis pour toi. Bien sûr, cela ne signifie pas que tu dois les rayer complètement de ta vie, mais seulement que tu dois trouver quelqu'un d'autre qui te convienne parfaitement.

C'est bien sûr plus facile à dire qu'à faire. Surtout si ta définition de «normal» ne correspond pas à celle de la majorité, tu auras peut-être un peu plus de mal à trouver les amis parfaits.

Mais ne t'inquiète pas, ce n'est pas grave. Tu dois juste faire preuve d'un peu plus de patience dans ta recherche. Entre-temps, essaie toujours de garder l'esprit ouvert et de rencontrer d'autres personnes sans préjugés. De cette façon, tu ne seras jamais seul.

16 - Personne ne te juge

Si tu fais une erreur ou si tu fais quelque chose d'étrange, ta première pensée sera probablement : «J'espère que personne ne m'a vu».

C'est ce que nous pensons tous lorsque nous faisons quelque chose d'embarrassant, mais en réalité, il n'y a aucune raison de s'inquiéter. Il est fort probable que personne ne t'ait remarqué, et même si c'était le cas, il est très probable qu'ils comprennent exactement ce que tu es en train de vivre.

La vérité, c'est que la plupart des gens sont trop préoccupés par eux-mêmes pour se soucier de toi et de ton comportement. Demande-toi comment les personnes qui t'entourent jugent ton comportement.

Personne ne te juge. Sauf toi.

Alors, veux-tu vraiment continuer à te juger aussi durement, même si personne d'autre ne le fait ? Apprends à te pardonner à toi-même. Au lieu de te préoccuper constamment de ce que pensent les autres, concentre-toi sur ce que tu penses toi-même. Après tout, il est fort probable que les autres ne pensent rien de spécial.

17 - Tu es ta cible

Et comme la plupart des gens sont trop occupés à penser à eux-mêmes pour penser à toi, c'est le moment idéal pour concentrer toute ton énergie et tout ton temps sur toi-même, sur la vie que tu aimerais vivre. Pas celle que tes parents souhaitent pour toi, ni celle que tes amis te poussent à faire, mais celle que tu veux vraiment.

Fais le premier pas dans la bonne direction.

Ne te laisse pas influencer par ce que les gens pensent ou ne pensent pas. La plupart des gens ne pensent pas du tout à toi, il est donc inutile de s'en préoccuper. Concentre-toi plutôt sur la construction de quelque chose de positif pour obtenir tout ce que tu veux.

EN BREF

Pour apprendre à se connaître, il est important d'essayer vraiment de comprendre ce que signifie «normal» pour toi et comment cette définition évolue avec le temps et dans différentes situations. Il n'est pas nécessaire de faire trop d'efforts : tu apprends, et tous les autres apprennent comme toi. De plus, la définition de «normal» change constamment, et les gens sont de toute façon concentrés sur eux-mêmes la plupart du temps.

Alors, trouve des personnes aussi normales que toi et concentre-toi sur ta propre vie et sur ce que tu veux, même si tu te sens bizarre.

Chapitre 3:
Découvrir qui tu es

Dans ce chapitre, tu apprendras que tu dois découvrir tes valeurs pour pouvoir vivre avec les conséquences de tes actes.

Les valeurs sont généralement définies comme les principes que chacun d'entre nous considère comme les meilleurs pour se comporter correctement. En bref, ce sont les idéaux qui guident nos choix, ce que nous considérons comme important dans la vie. Comprendre ce que sont les valeurs et comment elles façonnent notre vie est fondamental pour chaque jeune. Certes, les valeurs changent aussi au fil du temps, mais ce qu'elles ont provoqué, les actions qu'elles ont engendrées, ont des effets durables.

Si tu ne sais pas exactement quelles sont tes valeurs, ne t'inquiète pas !

Tu peux maintenant recevoir quelques conseils utiles sur la manière de les définir. D'autre part, tu devrais commencer dès maintenant. Si tu attends d'être adulte, il sera peut-être déjà trop tard. Connaître ses propres valeurs est essentiel pour développer un caractère fort et ne pas faire d'erreurs qui pourraient avoir des conséquences terribles pour le reste de ta vie.

Cependant, il se peut que les valeurs que tu établis à ce moment-là ne soient même pas définitives, et c'est tout à fait normal. Découvrir ce en quoi tu crois est un voyage de toute une vie, et tu ne devrais jamais abandonner. Continue à t'efforcer de te découvrir sous toutes les formes et garde l'esprit ouvert pour t'adapter à de nouvelles expériences. C'est ainsi que tu pourras créer la vie que tu souhaites.

18 - Tu es le seul à pouvoir définir tes valeurs

La première étape fondamentale consiste à comprendre que toi seul peux définir tes valeurs. Peu importe les valeurs de tes parents ou de tes amis : tu es le seul à pouvoir savoir ce en quoi tu crois, car tu es le seul à devoir vivre avec ces valeurs. Ce n'est qu'en suivant ce cours que tu pourras agir conformément à ta vision du monde. Beaucoup font l'erreur de suivre aveuglément les valeurs des autres. Beaucoup d'enfants font simplement ce qu'on leur dit de faire sans y réfléchir à deux fois, par exemple en copiant les idéaux de leurs parents ou en imitant les décisions et les actions de leurs amis; et parfois, cela fonctionne.

Mais dans d'autres cas, les conséquences sont loin d'être positives. Lorsque nous devenons finalement adultes, il s'avère que nous n'avons pas suivi nos propres désirs, ce en quoi nous croyons vraiment, mais ceux d'un autre. N'est-il pas préférable de le savoir à temps ?

Bien sûr, cela ne signifie pas que tu ne dois absolument pas suivre les enseignements ou tes parents. Il est également important de suivre les conseils de ceux qui en savent plus que toi parce qu'ils ont plus d'expérience. Toutefois, tu ne devrais pas te contenter de faire ce qu'on te dit sans y réfléchir. Évalue ce que l'on t'enseigne, réfléchis et pose-toi des questions pour comprendre ce que cela signifie pour toi. N'adopte ensuite que les comportements qui sont en accord avec ce en quoi tu crois vraiment.

19 - Écouter les conseils ...

Comme nous venons de le dire, il est important d'écouter les conseils de tes proches, qu'il s'agisse de membres de ta famille ou d'amis. Ceux qui sont plus âgés que toi peuvent aussi être plus sages et, dans tous les cas, une perspective différente est toujours utile pour comprendre quelque chose mieux que tu ne l'aurais fait seul, en particulier pour les choses dont tu n'as pas l'expérience.

Par exemple, c'est une bonne idée de demander de l'aide à tes parents si tu as des doutes éthiques. Tu peux aussi demander à un professeur ou à un ami. Mieux encore, demande à toutes les personnes que tu connais. Entendre tant d'histoires différentes, tant de perspectives différentes, pourrait être la clé pour te vider la tête. Et même si cela peut sembler exagéré de demander à autant de personnes, tu peux ainsi obtenir une vision plus large du sujet et en comprendre davantage. Finalement, tes valeurs seront bien plus complètes et informées.

En bref, même s'il est parfois gênant de demander de l'aide, n'hésite pas à le faire.

20 - ... mais n'aie pas peur d'écouter ce que tu as à dire

Bien que tout ce que nous venons de dire sur les conseils soit absolument vrai, tu ne devrais jamais avoir peur de suivre ta propre voie lorsque cela est nécessaire. Certains conseils sont merveilleux et parfaitement adaptés à la situation dans laquelle tu te trouves, tandis que d'autres peuvent être mauvais ou tout simplement inutiles dans ce contexte particulier.

Si tu as l'impression qu'un conseil n'est pas utile ou n'est pas la bonne chose à faire pour toi, n'hésite pas à changer de direction. Cela ne signifie pas que la conversation a été un échec ou que la personne à qui tu as posé la question n'est pas fiable. Au contraire, il est très probable que la conversation ait contribué à renforcer le lien entre toi et la personne à qui tu as posé la question. En outre, un conseil qui semble erroné à un moment donné peut s'avérer juste l'instant d'après.

Il est donc toujours utile de demander conseil, même si tu as choisi une autre voie et que tu t'écoutes toi-même et ton instinct.

21 - Fais confiance à ton instinct

Décider s'il faut suivre un conseil ou non n'est pas toujours aussi simple. Parfois, la réponse est évidente, d'autres fois, tu auras des sentiments mitigés. Malheureusement, la décision de passer à l'action ne devient pas automatiquement plus facile au fil des années.

Alors comment savoir quand il faut suivre les conseils et quand il faut suivre sa propre voie ?

Tout simplement en suivant son instinct.

Neuf fois sur dix, ton intuition te donnera la bonne réponse. Si tu es indécis, essaie de ne pas penser aux options, aux possibilités et aux conséquences, mais simplement à ce que tu ressens en prenant cette décision. Éteins ton esprit et dis simplement ce que tu ressens, sans réfléchir : c'est ton instinct, et tu devrais le suivre dans toutes les situations où tu es simplement trop confus quant à ce que tu devrais faire.

Apprends aussi à évaluer tes sentiments. Pourquoi tes instincts t'ont-ils donné cette indication particulière ? Pourquoi te sens-tu comme ça ?

Réfléchir aux motivations qui se cachent derrière tes émotions est une arme importante pour déterminer tes valeurs et, surtout, pour prendre le bon chemin lorsqu'il s'agit de savoir ce qu'il est préférable de faire.

22 - Apprendre de l'expérience

Il y aura certainement un moment dans ta vie, peut-être même dès demain, où tu parleras à quelqu'un qui a une vision du monde qui n'a pas de sens pour toi. Cela arrive à tout le monde tôt ou tard.

Au lieu de t'énerver et d'essayer de changer le point de vue de ton interlocuteur, essaie plutôt de te rappeler que les valeurs dépendent toujours de l'expérience. Cela signifie que chacun de nous est celui qu'il est avant tout en fonction de ce qu'il a vécu, des événements qui lui sont arrivés, des personnes qu'il a rencontrées. En d'autres termes, il y a toujours une raison derrière nos convictions.

Si tu gardes toujours ce fait à l'esprit, il te sera plus facile de comprendre les autres, de les accepter et surtout d'essayer d'être toujours ouvert lorsque tu parles à quelqu'un qui est différent de toi, qui a d'autres valeurs et une autre vision du monde. Bien sûr, cela ne signifie pas que tu dois changer d'avis : tes valeurs sont les tiennes et dépendent de ce que tu as vécu. Cela signifie simplement que tu dois traiter les autres avec le même respect que celui que tu aimerais recevoir toi-même.

Ce lien entre valeurs et expériences est aussi particulièrement intéressant d'un autre point de vue : il peut être une aide précieuse pour identifier tes propres valeurs. Si tu parviens à identifier une valeur en laquelle tu crois, tu devrais aussi te demander pourquoi tu l'as choisie : qu'est-ce qui, dans ta vie, t'a amené à penser ce que tu penses ?

Ce type de questions peut t'aider à te comprendre encore mieux et à déterminer tes principes jour après jour.

Demande-toi en même temps ce que répondrait une personne totalement différente, avec des expériences de vie différentes. Serait-il ou elle d'accord avec toi ou pas ? Ce type de réflexion peut t'aider à relativiser tes valeurs et à comprendre que, même si elles sont fondamentales pour toi, elles ne sont pas absolues et ne doivent pas s'appliquer à tout le monde.

EN BREF

Les valeurs sont un élément essentiel de la vie. Une personne sans valeurs est comme un footballeur sans ballon : elle ne peut pas jouer. Savoir ce que sont tes valeurs et comment elles peuvent changer ta vie est une partie fondamentale de l'adolescence et de la connaissance de soi.

Cependant, il n'est pas toujours aussi simple de trouver la bonne voie et le changement ne sera pas toujours immédiat. Il est important de demander de l'aide aux personnes qui t'entourent, mais aussi de suivre ton instinct et de faire ce qui est juste pour toi. N'aie pas peur d'écouter les autres, mais n'aie pas non plus peur de t'écouter toi-même. Toute opinion peut être juste et chacun peut apporter sa contribution.

Chapitre 4: L'importance du respect

Dans ce chapitre, tu apprendras que pour respecter les autres, tu dois apprendre à te respecter toi-même.

Ces derniers temps, il semble presque que le respect ne soit plus un principe aussi important. Rien ne pourrait être plus faux : le respect est quelque chose que nous devons tous apprendre à appliquer dans notre vie quotidienne, que ce soit envers nous-mêmes ou envers les autres.

Et en effet, l'estime de soi est un élément fondamental de l'adolescence. C'est ainsi que nous apprenons à nous accepter comme des personnes qui méritent d'être traitées correctement. En apprenant à se respecter soi-même, on peut aussi apprendre à respecter les autres, et c'est la clé de relations saines. En d'autres termes, le respect est un facteur clé pour une vie saine. Si tu apprends ce qu'est le respect, comment te respecter toi-même et comment respecter les autres, tu peux trouver l'équilibre qui te permettra de vivre une vie heureuse.

23 - Être accepté signifie accepter

Le respect peut être difficile à comprendre au début.

Dans sa forme la plus simple, il consiste en une forme d'acceptation. Le respect de soi-même consiste à s'accepter tel que l'on est, tandis que le respect des autres consiste à les accepter en tant qu'individus uniques. Si tu veux t'accepter, tu dois te respecter, et il en va de même pour les autres.

Sur le chemin de la connaissance de soi, il est important d'avoir une estime de soi saine. Cela signifie que tu dois apprendre à te respecter tel que tu es, avec tes forces et tes faiblesses. Espérer être quelqu'un d'autre ou avoir des caractéristiques différentes de celles que tu as, c'est te manquer de respect, et tu ne le mérites pas.

Le respect se réfère également à tes valeurs et à ton sens de ce qui est bien et mal. Cela signifie que tu ne dois pas faire de compromis sur tes convictions et ta moralité. Accepte plutôt ta façon de penser et continue à croire en ce que tu penses être juste.

24 - Tu es important

Une fois que tu as développé un respect envers toi-même, tu ne devrais en aucun cas le sacrifier.

En grandissant, tu te retrouveras très probablement dans une série de situations où tu te sentiras forcé (peut-être par tes amis) à faire quelque chose qui te semble mal. Si tu cèdes et que tu vas à l'encontre de tes valeurs, tu ne te respectes pas : en revanche, tu montres que tes valeurs ne valent pas la peine d'être suivies et acceptées.

Il se peut que tu aies honte ou même que tu sois gêné. Tu pourrais avoir des problèmes ou te retrouver sur une voie qui n'est pas du tout la bonne pour toi. Dans tous les cas, c'est toi, et toi seul, qui dois faire face aux conséquences de tes actes, et non ceux que tu as influencés.

N'oublie donc jamais que tes valeurs sont importantes, que ce en quoi tu crois est important, que tu es important.

25 - Se respecter soi-même pour respecter les autres

Lorsque nous parlons de respect, nous entendons généralement le respect des autres, et c'est certainement très important. Il est toutefois impossible de respecter les autres tant que l'on ne se respecte pas soi-même. Le même respect peut alors s'étendre au-delà de nous-mêmes.

C'est précisément pour cette raison qu'il est important de cultiver l'estime de soi dès le plus jeune âge. En acceptant son propre modèle de valeurs, il sera ensuite facile d'appliquer cette vision aux autres, aussi différents soient-ils de nous et aussi différentes que soient leurs opinions par rapport aux nôtres. En bref, c'est seulement de cette manière que nous pouvons avoir des relations saines.

26 - Comment entretenir des relations saines

C'est vrai : le secret de relations saines réside dans le respect mutuel. On ne peut pas avoir de relation si l'on n'a pas de respect pour l'autre. Grâce à ce sentiment, il est possible de construire un réseau de sécurité et de bien-être qui constitue la base de l'amitié et de l'affection.

Le respect doit imprégner chaque type de relation que tu as : avec tes parents, ta famille, tes amis, tes camarades de classe, et même avec de simples connaissances. Cela signifie en premier lieu que tu dois apprendre à accepter l'autre tel qu'il est, même s'il est différent de toi, et en faire une base solide sur laquelle tu construiras chaque relation individuelle, en adaptant ton comportement à celui que tu rencontreras en face.

27 - Comprendre quand il est temps de capituler

Entre-temps, tu as probablement compris quelle est l'étape suivante de notre raisonnement. S'il est si important de respecter les autres, cela vaut-il la peine de sacrifier son estime de soi pour les rencontrer ?

Non, bien sûr que non.

Il est tout aussi important de reconnaître quand il est temps d'abandonner et de se séparer simplement de ceux qui ne nous conviennent pas. Si notre interlocuteur vit selon un modèle de valeurs totalement opposé au nôtre, si son sens de ce qui est bien ou mal n'a rien à voir avec nous, alors il n'y a rien de mal à s'éloigner. Il suffit de le faire avec respect.

Permets donc aussi aux autres de prendre les décisions qu'ils estiment justes, sans imposer ton propre point de vue, mais sans non plus faire comme s'il n'existait pas. Les opinions des autres ont la même valeur que les tiennes, et les deux systèmes de valeurs ont le droit d'exister en tant que tels, sans s'influencer ni se conditionner mutuellement.

EN BREF

Le respect est un élément fondamental pour apprendre à connaître les autres et à entrer en relation avec eux. Ce n'est qu'en te respectant toi-même que tu pourras t'accepter et accepter les gens qui t'entourent. Ne sacrifie jamais ce point fixe pour quoi que ce soit ou qui que ce soit : Ton bonheur et celui de ceux que tu aimes en dépendent. Reste toi-même, même si cela implique de s'éloigner de quelqu'un.

Chapitre 5: La santé mentale est une affaire sérieuse

Dans ce chapitre, tu apprendras que la santé mentale est la chose la plus importante : tu ne peux pas être heureux si tu ne t'en occupes pas.

Lorsqu'il s'agit de se connaître soi-même, beaucoup oublient de prendre en compte la santé de notre esprit. Certes, nous essayons tous de prendre soin de notre corps (nous y reviendrons dans un instant), mais combien prennent également soin de leurs sentiments et de leurs émotions ?

Heureusement, ces derniers temps, beaucoup ont commencé à souligner l'importance de la santé mentale et il existe de nombreuses sources d'information consacrées précisément à ce sujet et aux problèmes auxquels tu peux être confronté.

Et en effet, le chemin vers la découverte de la santé mentale commence dès le plus jeune âge. Si tu apprends dès maintenant toutes les techniques pour prendre soin de ton esprit et apprendre à gérer le stress, quand tu seras plus âgé, tu sauras déjà comment faire et tu auras une bien meilleure qualité de vie.

28 - Prends-toi au sérieux

Dans le passé, la santé mentale a été largement négligée et a toujours été considérée comme un signe de faiblesse.

Pourtant, les maladies mentales, qu'elles soient légères ou plus développées, sont en réalité très fréquentes et ont un impact considérable sur la vie des gens.

Non seulement la qualité de vie est bien moindre, car tu ne peux pas en profiter pleinement, mais tu peux aussi te blesser toi-même. Ce type de comportement a inévitablement un impact négatif non seulement sur toi-même, mais aussi sur ton entourage, qui te voit souffrir sans pouvoir faire quoi que ce soit pour t'aider. De plus, dans la plupart des cas, les problèmes qui affectent ta santé mentale ont également des répercussions sur ta santé physique, ou tu finis par te blesser toi-même.

Bien sûr, nous ne disons pas tout cela pour te faire peur, mais seulement pour te faire comprendre que la santé mentale est en effet une affaire sérieuse et qu'elle ne doit en aucun cas être sous-estimée. Tu devrais lui accorder autant de soin et d'attention qu'à ta santé physique, car les conséquences négatives peuvent être tout aussi graves.

29 - Apprends à te soigner pour être en bonne santé

La première étape consiste à prendre conscience que la santé mentale dépend aussi de la manière dont on se comporte au quotidien et, surtout, de la manière dont on traite son corps.

Si, par exemple, tu ne quittes jamais ta chambre, que tu ne sors jamais à l'extérieur et que tu ne manges que de la malbouffe, ta santé mentale en souffrira aussi directement. Cela est dû au fait que tu empêches ton corps de produire les hormones dont il a besoin pour rester en bonne santé et performant.

Inversement, la manière dont tu traites ton esprit a également un impact direct sur ton corps. Pense aux maladies les plus courantes comme les troubles alimentaires ou l'obésité : un problème qui existe dans l'esprit se reflète directement dans le corps.

Cela signifie que prendre soin de son corps et prendre soin de son esprit doivent aller de pair et sont tout aussi importants l'un que l'autre. Si tu ne fais attention qu'à l'un de ces deux composants, cela signifie que tu ne prends pas vraiment soin de toi.

Si tu constates que quelque chose ne va pas dans l'un des deux domaines, tu devrais te demander si tu fais tout correctement dans l'autre. Par exemple, si tu te sens particulièrement stressé, demande-toi si tu bois suffisamment d'eau ou si tu manges correctement. Souvent, la solution est plus proche que tu ne le penses peut-être. Bien sûr, cela ne signifie pas que nous pouvons guérir des maladies mentales diagnostiquées uniquement en mangeant correctement ou en faisant de l'exercice, mais cela pourrait être un élément clé pour aller mieux et se sentir mieux.

30 - Faire taire ta voix intérieure

L'une des raisons les plus courantes pour lesquelles tu te sens mentalement défié est la «voix intérieure», c'est-à-dire la manière dont tu te parles à toi-même, dans ta tête.

Réfléchis un peu à cela : combien de fois te dis-tu que tu n'es pas assez bon ou que tu échoues dans tout ce que tu entreprends ? Si c'est le cas, ta voix intérieure crée un problème qui peut avoir des conséquences très difficiles. C'est précisément pour cette raison qu'il est important que tu apprennes à contrôler ta voix intérieure et à l'empêcher de te faire chuter.

Comment peux-tu faire cela ?

Essaie de remplacer les pensées négatives par des pensées positives. Cela sera très difficile au début et tu te sentiras souvent mal à l'aise. Mais n'abandonne pas pour autant. Apprends à te parler de manière positive. Demande-toi toujours : est-ce que je dirais la même chose à mon ami ? Tu ne critiqueras jamais aussi durement quelqu'un que tu aimes, alors ne le fais pas non plus avec toi-même.

En bref, le but est d'avoir un ami en toi, une voix amicale qui t'incite à faire toujours mieux et à croire en toi. Cela ne signifie pas que tu te mens à toi-même ou que tu ignores tes faiblesses, mais que tu en prends note de manière constructive, sans les considérer comme des échecs.

31 - Gérer le stress

Une autre raison pour laquelle tu te sens mal à l'aise est le stress.

Quel que soit ton âge, le stress fera toujours partie de ta vie, de la naissance à la vieillesse. Il fait partie intégrante de notre esprit et de notre corps et peut être à l'origine de nombreuses maladies. Il peut entraîner des maux de tête et une anxiété permanents, des problèmes cardiaques, de l'asthme et une baisse de pression. Ainsi, puisque ses effets peuvent être graves, il vaut la peine d'apprendre à gérer le stress correctement dès le début.

Il existe de nombreuses façons d'essayer de maintenir ton niveau de stress. Essaie tout d'abord de ne pas hésiter et d'utiliser au mieux le temps dont tu disposes pour ne pas avoir à faire trop de choses trop rapidement. Tu peux aussi t'entraîner en faisant des exercices de respiration spécifiques ou en tenant un journal dans lequel tu notes tout ce qui te pèse. Enfin, n'oublie jamais de faire du sport : L'exercice physique est très utile pour réduire le stress.

Quelle que soit la méthode que tu choisis pour lutter contre le stress, l'important est qu'elle soit saine, positive et efficace. Il existe de nombreuses façons de surmonter les moments les plus difficiles sans nécessairement recourir à des moyens malsains, comme la consommation de malbouffe. N'oublie jamais que ce genre de vice ne fait qu'empirer les choses à long terme.

32 - N'aie pas peur de demander de l'aide

Malheureusement, il faut admettre que les astuces dont nous venons de parler ne fonctionnent pas toujours. Parfois, il n'y a tout simplement pas moyen de résoudre le problème soi-même, et même dans ce cas, il n'y a rien à redire.

Il est important de comprendre quand ces moments arrivent et de se rappeler qu'il ne faut pas avoir peur de demander de l'aide quand on en a besoin. Ce n'est pas parce que tu es un garçon que tes problèmes ne sont pas importants ou que tu dois toujours être fort. Avoir besoin d'aide ne signifie pas être faible, mais simplement être normal. Tout comme tu demanderais à un entraîneur de te dire comment marquer des buts plus facilement, tu devrais demander de l'aide à un professionnel et suivre ses conseils sans te décourager. Parle toujours à tes parents ou à tes professeurs afin qu'ils puissent eux aussi t'expliquer comment gérer au mieux la situation. Et surtout : n'aie pas honte d'avoir des sentiments : tu es un être humain et ta santé mentale est donc importante.

EN BREF

Prendre soin de ta santé mentale est aussi important que ta santé physique.
Il est important de prendre les signaux de ton corps au sérieux, de les respecter et d'apprendre à surmonter les problèmes que tu peux surmonter par tes propres moyens. Dans tous les autres cas, n'hésite pas à demander de l'aide si tu en as besoin.

Chapitre 6:
Penser juste

Dans ce chapitre, tu découvriras comment tirer le meilleur parti de ta croissance en réfléchissant de manière à atteindre au mieux tes objectifs.

La chose la plus importante que tu peux apprendre ici, c'est la bonne façon de voir la vie. Une attitude orientée vers la croissance est indispensable pour accepter tes erreurs et les utiliser comme moteur pour toujours aller de l'avant, même lorsque les choses deviennent difficiles. Si tu ne dois retenir qu'une seule chose de cette première partie du livre, c'est celle-ci : apprends à avoir une attitude propice à la croissance.

Mais que signifie cette phrase ?

Il s'agit de l'attitude selon laquelle l'intelligence, le talent et les compétences sont des qualités qui s'apprennent et qui peuvent donc être acquises par un travail acharné et un engagement. Ainsi, alors que d'autres essaient toujours de rester les mêmes, luttent contre le changement et tentent de résister à l'inattendu, un jeune qui conserve cette attitude est capable d'utiliser tous ces éléments pour s'améliorer et devenir de plus en plus intelligent et capable.

Tu n'y crois pas ? Au contraire : plusieurs études ont montré que les élèves qui adhèrent à ce concept simple obtiennent généralement les meilleures notes et réussissent également en dehors de l'école. Tu comprends donc qu'il s'agit d'une étape absolument décisive.

33 -Ne pas laisser sa tête à la maison

Avant d'aborder en détail le concept d'attitude propice à la croissance, tu dois prendre note d'un fait fondamental : ta pensée est toujours avec toi.

«Bien sûr», me diras-tu. «Je ne peux quand même pas laisser ma tête à la maison quand je la quitte».

C'est vrai, même si ce n'est qu'au sens littéral. Mais combien de fois est-ce que c'est exactement ce qui se passe ? Combien de fois oublions-nous simplement l'importance de nos pensées pour comprendre ce qui nous arrive et, surtout, pour les assimiler ?

Donc, si tu veux vraiment vivre la meilleure vie possible, l'une des premières choses que tu dois faire est d'apprendre à prendre conscience de ton propre esprit et donc de ton attitude mentale. Si tu peux développer une pensée saine, celle-ci t'accompagnera chaque jour, du matin au soir.

Cela signifie que, quelles que soient les erreurs que tu commets ou les défis que tu rencontres sur ton chemin, tu seras toujours prêt à les considérer comme des opportunités d'amélioration et non comme des obstacles. Tu seras alors plus enclin à croire que tu peux atteindre tes objectifs et tu aborderas ta vie quotidienne avec enthousiasme et confiance.

34 - Ne jamais changer d'avis n'est pas une bonne idée

Comme nous venons de le dire, une attitude fermée au changement t'empêche de développer tes capacités. C'est le genre de mentalité qui te fait croire que tes erreurs sont dues au fait que tu es un échec, et que cet état ne peut donc en aucun cas changer.

Et en effet, il existe de nombreux problèmes causés par une attitude fermée.

Tout d'abord, cela conduit à un sentiment de déception et d'insatisfaction dans ta vie : après tout, ton esprit te dit toujours que tu n'es pas assez bon, et cela a des conséquences à long terme. Deuxièmement, cela conduit à se sentir moins sûr de soi et donc moins satisfait, même si peut-être rien de ce que nous pensons n'est vrai.

35 - Les personnes fermées ne réussissent pas

Les personnes ayant une telle attitude auront donc moins de succès à l'école et plus tard dans leur travail. Elles ne chercheront jamais à atteindre l'excellence, mais se contenteront toujours de la médiocrité. Elles refuseront toutes les opportunités qui se présenteront à elles, car elles estiment qu'elles ne sont pas assez nombreuses et qu'elles ne peuvent pas engendrer une amélioration.

Les relations avec les autres auront également un impact négatif. Si tu te considères comme un mauvais ami, tu commenceras bientôt à fréquenter des personnes qui te considèrent comme leur égal et qui sont donc elles-mêmes de mauvais amis. Cela n'apporte évidemment aucune joie, mais seulement une grande insatisfaction.

Bref, tous ces exemples montrent à quel point une attitude fermée peut être néfaste et qu'il faut l'éviter à tout prix.

36 - Réfléchir à la croissance et l'amélioration

En revanche, si tu veux réussir dans la vie, si tu veux t'améliorer constamment et obtenir les résultats que tu espères, le mieux est d'avoir toujours une attitude ouverte, orientée vers la croissance et le changement.

En adoptant un mode de pensée qui te pousse à vouloir toujours plus, tes talents, tes capacités et tes qualités s'amélioreront en conséquence. De cette manière, tu peux apprendre de tes erreurs et devenir une meilleure personne.

37 - Ton intelligence aussi peut se développer

Et cette réflexion s'applique également à l'intelligence : elle aussi peut croître.

De nombreux élèves ont des difficultés à l'école tout simplement parce qu'ils pensent qu'ils ne sont pas assez bons, pas assez intelligents pour répondre aux exigences. Cela les conduit à ne pas faire d'efforts du tout, parce qu'ils pensent que faire des efforts n'a pas d'importance si l'on n'a de toute façon pas la capacité de réussir en quelque chose.

Et rien ne pourrait être plus faux. Le cerveau humain est en constante évolution et de nouvelles connexions se créent à chaque instant entre les neurones, c'est-à-dire les cellules qui font partie du cerveau. L'intelligence n'est pas un état, mais un muscle qui peut être entraîné pour devenir toujours plus fort et réagir aux défis. N'oublie donc jamais de t'entraîner.

38 - Les erreurs sont une bonne chose

Une autre leçon très importante, mais aussi l'une des plus difficiles à retenir, est la suivante : les erreurs sont une bonne chose.

Bien sûr, cela peut te paraître fou, mais c'est la vérité. Les erreurs sont rarement une mauvaise chose. Au contraire, elles t'offrent la possibilité d'apprendre, de t'améliorer et de penser de manière plus créative.

La prochaine fois que tu feras une erreur, essaie de ne pas t'énerver et de ne pas te considérer comme incompétent. Essaie plutôt de réfléchir à l'erreur et de comprendre pourquoi ce n'était pas la bonne méthode. Si tu ne peux pas trouver la réponse par toi-même, essaie de demander à tes parents ou à un enseignant.

À ce stade, il ne te reste plus qu'à apprendre. Apprends les raisons pour lesquelles tu as agi comme tu l'as fait, afin de ne pas refaire la même erreur. Tu es déjà une meilleure personne qu'au moment où tu as fait une erreur.

39 - Tu es ton meilleur ami

Enfin, parle-toi toujours de manière positive.

Nous en avons déjà parlé dans un chapitre précédent : la dernière chose que tu devrais faire est de te critiquer constamment sans penser de manière constructive. Cette attitude est mauvaise pour ta santé mentale et aussi pour ton corps, et même s'il est difficile de contrôler tes pensées, il est important d'apprendre à le faire.

En adoptant une attitude positive, en te parlant toujours à toi-même comme à un ami, tu peux aborder chaque nouvelle situation sous un angle différent, plus objectivement et concrètement. Tu ressentiras alors moins de peur et tu pourras avancer avec plus de confiance en toi, car tu sauras dès le départ que tu es tout à fait capable d'apprendre de nouvelles choses et de ne pas te laisser handicaper par une simple erreur.

Même si ton ennemi intérieur essaie de te tirer vers le bas, pense toujours aux difficultés que tu as déjà surmontées, à l'erreur que tu as corrigée ou au concours que tu as gagné, et rappelle-toi que si tu as réussi une fois, tu peux réussir à nouveau.

EN BREF

Pour réussir dans la vie, le plus important est d'avoir toujours une attitude positive. Un état d'esprit orienté vers la croissance te permet de t'adapter à chaque situation, d'apprendre de tes erreurs et de t'améliorer chaque jour.
Tu peux apprendre à faire ce que tu veux, ne l'oublie pas. Deviens la meilleure version de toi-même et essaie d'aider les autres à faire de même.

PARTIE 2:
TON CORPS

Chapitre 7:
Ton corps est ton ami

Dans ce chapitre, tu apprendras combien ton corps est beau et combien il est important de l'aimer.

Pendant la puberté, ton corps va subir des changements importants. S'il est déjà difficile pour tout le monde d'accepter son corps tel qu'il est, cela devient encore plus compliqué lorsque chaque jour, tu sembles avoir un corps complètement différent de celui que tu avais avant. Tu dois donc apprendre à comprendre et à accepter ces changements afin de prendre soin de ton corps de la meilleure façon possible.

Dans la partie précédente du livre, nous avons souligné l'importance de s'accepter soi-même pour se respecter et respecter les autres. L'une des étapes de ce processus concerne évidemment la relation avec ton propre corps, avec tes forces et tes faiblesses.

Il est normal, surtout à l'adolescence, de se sentir constamment mal à l'aise dans son propre corps, qui nous semble presque étranger : et d'une certaine manière, il l'est, car il y a quelques mois encore, nous étions très différents. Néanmoins, il est important de comprendre que ces sentiments sont certes justes, mais aussi mal orientés : Le fait que nous ne connaissions pas (encore) notre nouveau corps ne doit pas nous empêcher de l'accepter tel qu'il est.

40 - Tu n'as qu'un seul corps

Partons d'une hypothèse basique : peu importe à quel moment tu grandis et tu changes au cours de ta vie, ton corps ne te quittera jamais. Tout ce qui t'entoure peut changer, mais tu n'auras toujours qu'un seul corps : ton propre corps.

C'est donc ton devoir de prendre soin de ton corps afin qu'il reste fort et en bonne santé le plus longtemps possible. Et il est beaucoup plus facile d'en prendre soin si tu l'acceptes tel qu'il est et si tu le respectes. Beaucoup de personnes, quel que soit leur âge, perdent beaucoup de temps à détester leur corps et à en souhaiter un autre. Cette attitude n'est pas seulement une grande perte d'énergie, elle ne sert à rien et t'empêche de te respecter en tant que tel.

Pense plutôt à tout ce que ton corps fait pour toi. Il t'aide à marcher, à t'amuser, à dormir et à faire tout ce que tu souhaites. Remercie-le pour ce qu'il fait et apprécie-le pour les possibilités qu'il t'offre, car sans lui, tu ne pourrais pas vivre tant de belles choses dans la vie.

41 - Ton corps change

Bien sûr, le fait que le corps change constamment est l'une des raisons pour lesquelles il est si difficile et compliqué d'avoir une relation saine avec lui. Tes cellules sont constamment remplacées, tu te souviens ? Le corps que tu connais maintenant sera complètement différent dans seulement sept ans. Et pendant la puberté, ces changements se font encore plus ressentir.

Il est important que tu essaies de trouver une connexion avec ton corps, au-delà de tous les changements qui peuvent survenir au cours de ces années. Il y aura de nombreux moments où tu te sentiras bizarre ou mal à l'aise, mais sache que tous les changements que tu traverses sont toujours pour le mieux.

Ton corps continuera à changer, même après la puberté et pendant toutes les années à venir. Pense par exemple au moment où tes parents ou même tes grands-parents deviendront adultes : ton corps se développe de plus en plus vite, à tel point que tu auras l'impression de ne plus être toi-même.

Lorsque cela se produit, essaie de te souvenir de ce moment, du moment où tu as appris à accepter que tout change, que c'est inévitable et que tu peux et dois l'accepter.

Tes changements font simplement partie du fait que le monde entier change, et il est donc juste d'accepter ton corps tel qu'il est, de manière naturelle.

42 - Le poids n'est qu'un chiffre

L'un des changements les plus difficiles à accepter, surtout dans la société dans laquelle nous vivons, est celui de notre propre poids.

Nous voulons tous avoir un poids sain qui nous permette de bien vivre et d'éviter certaines maladies. Essaie toutefois de te rappeler que le poids n'est qu'un chiffre et que ce qui compte vraiment, c'est de se sentir bien, tant physiquement que mentalement. Se concentrer uniquement sur le poids, sur un simple chiffre, n'aide absolument pas et n'indique pas non plus à quel point tu es en bonne santé. Réfléchis un peu à cela : les muscles pèsent plus que la graisse. Il y a des gens qui sont très minces et en bonne santé, mais qui pèsent quand même plus que d'autres qui font moins d'exercice, et cela est simplement dû à la différence de poids des masses qui se trouvent dans notre corps. Ne te fie donc pas simplement au chiffre que tu lis sur la balance.

43 - Confie-toi à un professionnel

Cependant, si tu ne peux pas te débarrasser du sentiment que quelque chose ne va pas, pourquoi ne pas te débarrasser du doute ? Essaie d'en parler à ton médecin. Un spécialiste pourra certainement te dire avec précision si ton poids est correct ou non et, si c'est le cas, comment tu peux améliorer ta santé. De cette manière, tu éviteras également de commettre des erreurs, comme choisir des régimes douteux, développer une relation malsaine avec la nourriture ou détruire ta relation avec toi-même.

Enfin, tu dois toujours te rappeler que même si ton médecin te dit qu'il est important pour ta santé de perdre quelques kilos, cela ne signifie pas que ton corps est sans valeur ou qu'il faut le jeter. Tu es plus que ton poids et tu es important, que le chiffre sur la balance soit haut ou bas. Essaie simplement d'être aussi sain que possible, dans le seul but de te sentir mieux.

44 - Apprends à prendre soin de ton corps

Comme on n'a qu'un seul corps, il faut dès à présent apprendre à en prendre soin correctement. Il n'est jamais trop tôt pour commencer, même si cela s'avère parfois trop tard. Lorsque tu seras adulte, tu constateras peut-être que tes articulations ou ta peau (pour ne citer que quelques exemples) sont plus «fatiguées» qu'elles ne devraient l'être.

Il y a beaucoup de choses que tu peux faire chaque jour pour prendre soin de ton corps et le garder sain et solide. Tu peux lui donner une alimentation équilibrée, dormir suffisamment et être attentif aux signaux qu'il t'envoie. En fait, ton corps communique directement avec toi à chaque instant pour te demander ce dont il a besoin : écoute-le et tu sauras ce qu'il faut faire.

La vigilance est également importante parce que les besoins du corps ne sont pas toujours les mêmes. Quand on est jeune, on a par exemple besoin de plus de sommeil qu'un adulte, et même plus qu'une personne âgée.

Cela ne sert à rien de mentir : au début, prendre soin de ton corps peut sembler être une tâche plutôt fastidieuse. Mais tu verras que tu prendras vite le coup et que tu y prendras plaisir. C'est en tout cas un exercice très utile et ton corps te remerciera, comme tu le fais en prenant soin de lui et en lui donnant le meilleur.

EN BREF

Il est important d'avoir une bonne relation avec son corps, car il n'en est qu'un et nous accompagnera toute notre vie.
Nous devrions être reconnaissants de ce que notre corps nous permet de faire, au lieu de nous concentrer uniquement sur ses défauts et de le détester sans raison. Essayons donc de le remercier en prenant soin de lui et en restant toujours en bonne santé et forts.

Chapitre 8:
Bien manger pour se sentir bien

Dans ce chapitre, tu découvriras l'importance de l'alimentation pour ton avenir et comment construire une relation positive avec la nourriture.

Une fois que tu as accepté ton corps, tu ne peux pas te contenter de lui dire «oui» du bout des lèvres. Tu dois adopter chaque jour des comportements qui te permettent vraiment de le maintenir en bonne santé et fort de manière concrète.

L'une des meilleures façons d'y parvenir est de bien s'alimenter. La manière dont tu l'alimentes a une influence directe sur la façon dont tu te sens et dont ton corps fonctionne. Une bonne alimentation peut te donner l'énergie et la santé dont tu as besoin pour poursuivre et réaliser tous tes rêves.

45 - Tu es ce que tu manges

Il y a un proverbe célèbre qui dit que l'on est ce que l'on mange.

Aussi banal que cela puisse paraître, cette phrase est en réalité vraie. La manière dont tu manges a un impact direct sur ton corps et ton bien-être. Ne choisis que des aliments qui sont nutritifs et sains et qui font du bien à ton corps.

Qu'est-ce que cela signifie dans la pratique ?

L'alimentation recommandée par les experts est très équilibrée et comprend des fruits, des légumes, des protéines, des graisses et des glucides. Une alimentation dans laquelle l'un de ces éléments est complètement supprimé est très probablement mauvaise pour la santé. D'ailleurs, selon une récente étude de Harvard, votre assiette devrait être composée pour moitié de fruits et légumes, pour un quart de céréales et pour un quart de protéines saines.

Il existe une multitude d'aliments qui sont bons pour toi. Il s'agit bien sûr de tous les fruits et légumes ainsi que des légumineuses, mais aussi des glucides comme les pommes de terre et l'avoine ou des protéines comme le poisson ou le poulet, sans oublier les fruits secs.

N'oublie pas que tout aliment, s'il est consommé avec modération, peut être consommé sans problème.

46 - Les régimes peuvent être un danger

Nous avons déjà constaté que «tout régime alimentaire dans lequel l'un de ces éléments est complètement omis n'est très probablement pas sain». Pour comprendre l'importance d'une alimentation saine, il faut se rendre compte du nombre de maladies qui peuvent être causées par une mauvaise alimentation, comme les problèmes cardiaques ou le diabète, mais aussi les troubles alimentaires. C'est justement parce qu'une mauvaise alimentation peut faire tant de dégâts qu'il est important d'y prêter une grande attention et de veiller à toujours avoir une alimentation saine et équilibrée. Si tu suis les conseils ci-dessus, tu pourras contrôler les risques liés à une mauvaise alimentation.

47 - Ne renonce à rien

Mais d'un autre côté, il faut aussi faire attention à ne pas exagérer dans le sens inverse. Il est vrai que manger sainement est toujours important et jamais mauvais. Il est bon de limiter la consommation de malbouffe comme les aliments gras et riches en matières grasses et les boissons sucrées. Ils ne sont certainement pas bons pour notre corps. Mais il y a aussi de nombreux aliments que nous aimons tout simplement, qu'ils soient bons pour nous ou non, et il est juste de ne pas s'en priver complètement. Un régime trop restrictif peut entraîner autant de problèmes qu'un régime contenant toutes sortes de malbouffe, sans compter que dans la plupart des cas, il n'est pas suivi très longtemps ...

Ici aussi, la clé est donc l'équilibre. Essaie de te nourrir en grande partie de manière saine et équilibrée, mais si tu veux t'offrir de temps en temps le sandwich qui te rend fou ou une délicieuse pizza, ce n'est pas un problème. N'en fais tout simplement pas trop. Après tout, le plus important est que tu te sentes bien, y compris mentalement.

48 - L'eau est importante

Le dernier conseil utile en matière d'alimentation et de régime est de boire beaucoup d'eau. De nombreuses personnes sont aujourd'hui déshydratées, précisément parce qu'elles ne boivent pas assez d'eau, parce qu'elles n'y pensent pas ou parce qu'elles pensent ne pas avoir le temps.

En règle générale, il faut boire au moins deux litres d'eau par jour : c'est le minimum pour rester bien hydraté. Si tu veux augmenter ce chiffre, tu peux essayer de boire au moins un verre d'eau avant de te coucher et au réveil, ainsi qu'une demi-heure avant chaque repas. De cette manière, tes organes restent actifs et fonctionnels à tout moment et agissent comme un «système de refroidissement» qui les protège de la surcharge.

49 - Seule l'eau est de l'eau

Lorsque l'on parle de «boire beaucoup», la tentation est souvent grande de boire tout ce qui nous tombe sous la main.

N'oublie jamais que par «eau», nous entendons vraiment uniquement l'eau plate. Nous ne parlons donc pas de thé, de café, de jus de fruits ou d'autres boissons. Le thé et le café, en particulier, peuvent même avoir l'effet inverse, car la caféine contribue à la déshydratation. Essaie donc de boire autant d'eau pure que possible.

Cependant, si tu as envie d'une autre boisson, tu ne dois pas y renoncer non plus. Ne considère simplement pas ce liquide comme faisant partie de ton litre d'eau quotidien, mais comme un complément.

EN BREF

Si tu veux vivre sainement, le plus important est d'avoir une alimentation saine et équilibrée, de ne pas te laisser tenter par des régimes étranges et dangereux et de boire beaucoup d'eau chaque jour. Mais n'oublie pas non plus de t'accorder quelques en-cas de temps en temps.
Si tu suis ces conseils, tu auras déjà fait un pas vers une vie saine et sans maladie.

Chapitre 9:
Se déplacer

Dans ce chapitre, tu apprendras que l'activité physique est le secret pour être en bonne santé, tant à l'intérieur qu'à l'extérieur.

Une fois que tu as appris à manger sainement, cela ne suffit pas pour avoir un mode de vie 100 % sain. Tu dois également faire du sport et maintenir ton corps actif en permanence. De cette manière, tu peux entraîner tes muscles et apprendre à ton corps à être fort et agile.

Il existe de nombreuses façons d'être actif. Peu importe ce que tu fais, l'essentiel est de garder ton esprit constamment en éveil.

50 - Faire un petit pas chaque jour

Le mieux est d'essayer d'être actif tous les jours.

Seule une activité quotidienne constante permet à ton corps de fonctionner comme il le devrait. Fais circuler ton sang et maintiens tes poumons en éveil, et tes muscles se comporteront également en conséquence. Si tu ne fais du sport que de temps en temps, cela n'aura pas le même effet.

L'idéal est donc de choisir une activité qui t'occupe environ 30 minutes par jour. Si tu y parviens, il te sera vraiment beaucoup plus facile d'adopter un mode de vie sain. Et il n'est même pas nécessaire que ce soit une activité particulièrement exigeante ou fatigante : une promenade peut déjà être un bon début.

51 - Sortir à l'air libre

L'une des meilleures façons d'être actif est certainement d'aller prendre l'air. Pour nous tous, il est aujourd'hui facile de rester à l'intérieur de nombreuses heures par jour, peut-être devant un écran. Bien sûr, la technologie est une aide énorme pour beaucoup de choses, mais elle ne peut pas remplacer les avantages de la nature.

Passer du temps à l'air libre est important pour ta santé et ton bien-être. Cela permet d'augmenter le taux de vitamine D, de réduire la pression cardiaque et les inflammations, et même d'améliorer le sommeil. De plus, il est beaucoup plus facile de faire de l'exercice en plein air, et c'est aussi plus amusant.

En bref, c'est vraiment une bonne solution. Une simple promenade à l'air libre peut déjà améliorer chaque jour comment tu te sens dans ton corps. Donc, si tu as un chien, c'est le moment de t'occuper de sa promenade quotidienne. Sinon, tu n'as que l'embarras du choix : pourquoi pas un vélo ?

Toute occasion qui se présente à toi d'être dehors est une bonne occasion.

52 - Découvre ce que tu aimes faire

Peut-être que tu n'aimes pas faire du sport. C'est compréhensible, nous ne sommes pas tous prédisposés à l'exercice physique.

Ne t'inquiète pas : tu n'as pas besoin d'être un athlète olympique. Tu dois juste trouver ce qui te plaît, et c'est tout. Il existe de nombreuses activités qui te permettent de rester en mouvement sans avoir l'impression d'être une corvée. Pense par exemple à la danse ou à la natation dans un lac. Cela compte comme de l'exercice, même si cela ne te semble pas être une véritable séance d'entraînement.

Découvrir ce que tu aimes faire est une étape cruciale pour maintenir l'engagement de faire de l'exercice quotidiennement, même si tu n'en as pas envie. Essaie donc d'essayer l'une des activités suivantes :

- Explorer la forêt ;
- Sauter à la corde ;
- La natation ;
- Le jardinage ;
- Jouer avec le chien ;
- Essayer un art martial inconnu ;
- Jouer à un jeu vidéo qui te fait aussi bouger (n'aimerais-tu pas devenir un champion de golf sans sortir de chez toi ?)
- Jouer avec tes amis à la gamelle, à la balle au prisonnier ou à ton jeu préféré ;
- Jouer à des jeux d'eau, comme une bataille d'eau entre amis

Ce ne sont que quelques idées, mais il existe de nombreuses activités et jeux qui permettent de faire beaucoup d'exercice sans effort. Essaye-en quelques-uns et découvre lequel est ton préféré.

53 - ... et trouver des amis avec qui le faire ensemble

Tu n'es toujours pas convaincu ? Tu as l'impression que tu n'y arriveras jamais ?

Alors ne le fais pas seul. Ton objectif de faire de l'exercice tous les jours sera beaucoup plus facile à atteindre si tu trouves un(e) ami(e) avec qui tu le fais. En compagnie, toute activité est bien plus amusante, et tu redoubleras d'efforts pour ne pas les décevoir.

Il n'est pas si difficile de trouver des amis avec lesquels tu peux faire du sport. Tu peux par exemple rejoindre une équipe de football ou un autre sport, ou trouver des camarades de classe qui ont les mêmes intérêts que toi.

Dans chaque ville, il existe de nombreux groupes qui organisent toutes sortes d'activités, et tu peux trouver le groupe qui te convient le mieux.

Une fois que tu auras trouvé un groupe de personnes avec lesquelles tu aimes faire des activités, tu n'auras plus l'impression de devoir te battre.

54 - Respecter ses limites

Voici un dernier conseil. Même s'il est très important d'être actif quotidiennement, tu ne dois jamais oublier que ton corps a des limites et qu'il est très important de ne pas les dépasser.

Laisse toujours à ton corps le temps de se reposer et de faire le plein d'énergie quand il en a besoin. Si tu ne fais pas attention à ce qu'il te dit, tu peux te blesser, alors fais attention et respecte-le.

EN BREF

Pour un mode de vie sain, il est important de faire de l'exercice tous les jours, de préférence en plein air. Découvre ce que tu aimes faire et trouve des amis avec qui le faire, et tu verras qu'il te sera très facile de faire de l'exercice. Veille toutefois toujours à ne pas dépasser tes limites pour rester en bonne santé.

Chapitre 10:
Trop ou pas assez de sommeil ?

Dans ce chapitre, tu apprendras combien de sommeil tu as besoin pour rester au meilleur de ta forme.

Le sommeil est très important, nous le savons tous. Il est particulièrement important pour les jeunes, bien qu'il semblerait que tout le monde, des enfants aux adolescents, essaie de se coucher tard. Cela peut sembler amusant au début, mais sur le long terme, cela peut être très préjudiciable à la santé. Le sommeil est, en effet, très important.

Cependant, il peut être difficile de savoir combien de sommeil est nécessaire. Le nombre d'heures que tu passes au lit peut varier en fonction de ton âge, de tes activités quotidiennes et de nombreux autres facteurs. Tu dois apprendre à comprendre ce que te dit ton corps, indépendamment de ton âge et de ta situation, pour pouvoir dormir suffisamment.

55 - Dormir peu est dangereux

Le sommeil joue un rôle très important dans notre vie. Il est essentiellement la manière dont le corps recharge ses batteries pour que nous soyons à nouveau opérationnels au réveil. Un sommeil suffisant et de qualité est une condition essentielle pour un corps sain, capable de lutter contre les maladies : dans le cas contraire, notre corps et surtout notre cerveau ne peuvent pas fonctionner correctement, ce qui a de graves conséquences à court et à long terme.

Et effectivement, le manque de sommeil entraîne à court terme des troubles de l'attention et une fatigue diurne. Et pour souffrir de ces effets secondaires, il n'est pas nécessaire de rester debout toute la nuit : il suffit d'une heure et demie de sommeil en moins par nuit pour que ton humeur change. Tant la mémoire que les fonctions cérébrales en général diminuent dès le lendemain, et ton humeur peut varier drastiquement.

La situation peut encore s'aggraver si le manque de sommeil se prolonge. De véritables maladies peuvent apparaître, notamment au niveau du cœur, le système immunitaire peut être endommagé, ou l'on peut même arriver à l'atteinte de la santé mentale, la dépression.

En bref, ta santé dépend vraiment beaucoup de la qualité de ton sommeil. Essaie donc de dormir suffisamment toutes les nuits.

56 - A l'écoute de son corps

Mais quelle est la quantité suffisante ?

Là encore, la réponse consiste à écouter notre corps, qui est vraiment très bien placé pour nous dire quand nous sommes fatigués. Certains signes peuvent être la somnolence, mais aussi le stress, l'irritabilité et les distractions. Peut-être que tu as des maux de tête ou que tes muscles te font mal. Ce sont tous des signes qui indiquent que tu dois aller dormir.

Dans tous ces cas, tu n'as pas d'autres choix que d'aller te coucher. Si ton corps te dit qu'il est fatigué, écoute-le. N'oublie pas : tu n'as qu'un corps, tu dois donc en prendre bien soin.

Dès que tu commenceras à écouter ton corps, tu accéléreras le rythme et tu sauras automatiquement quand il est temps d'aller te coucher. Ensuite, tu peux aussi développer une routine avant l'heure du coucher proprement dite, qui te permet de te détendre et de te préparer à une bonne nuit de sommeil. Certaines personnes lisent ou écrivent avant d'aller se coucher, tandis que d'autres préfèrent s'étirer. Essaie différentes activités pour voir laquelle te convient le mieux et te permet de mieux dormir.

57 - Découvre de combien de sommeil tu as besoin

Toutefois, si tu as l'impression que ton corps te donne des signaux contradictoires et que tu ne peux tout simplement pas dire à quel point tu es fatigué ou si tu dors suffisamment, ne t'inquiète pas. Ce n'est pas toujours aussi simple à reconnaître. La quantité de sommeil dont tu as besoin change chaque jour et dépend de nombreux facteurs différents, comme ta vie quotidienne, la génétique, les activités physiques que tu pratiques, etc.

En règle générale, tu devrais essayer de dormir 7 à 10 heures par nuit. Il ne s'agit toutefois que d'une indication approximative et, comme nous l'avons dit, cela dépend beaucoup de ton fonctionnement et de ce que ton corps exige de toi. Pour que tu aies un point de repère approximatif, voici un tableau avec les heures de sommeil nécessaires selon l'âge :

- de la naissance à 3 mois : 14 à 17 heures ;
- de 4 à 11 mois : 12 à 16 heures ;
- 1 à 2 ans : 11 à 14 heures ;
- 3 à 5 ans : 10 à 13 heures ;
- 6 à 12 ans : 9 à 12 heures ;
- 13 à 18 ans : 8 à 10 heures ;
- 18 à 64 ans : 7 à 9 heures ;
- 64 ans et plus : 7 à 8 heures.

Comme tu peux le constater, la quantité de sommeil nécessaire varie fortement avec l'âge. Mais n'oublie pas qu'il dépend aussi de nombreux autres facteurs. Essaie donc d'en apprendre le plus possible sur les signaux de ton corps pour comprendre la quantité de sommeil dont tu as besoin chaque nuit.

EN BREF

Se reposer est aussi important que d'être actif. Lorsque nous dormons, notre corps et notre esprit peuvent faire le plein d'énergie et se recharger pour le lendemain, alors que le manque de sommeil entraîne une moins bonne qualité de vie, voire des maladies graves.
Entraîne-toi chaque jour à comprendre ce que te dit ton corps : tu auras ainsi toujours assez de sommeil pour être prêt et rechargé pour la nouvelle journée.

Chapitre 11: Prendre soin de soi n'est pas un «truc de fille»

Dans ce chapitre, tu découvriras combien il est important de prendre soin de soi pour se sentir bien : Ce n'est certainement pas un «truc de fille», mais un exercice important pour se sentir plus heureux.

Chez les garçons, le thème du «soin de soi» est en général largement ignoré : il n'est pas considéré comme une affaire d'hommes. Cependant, il représente une partie très importante du bien-être physique et mental. Il existe de nombreuses façons de prendre soin de sa santé et de sa paix intérieure, sans être forcément moins «masculin».

En effet, grâce à ces pratiques, il est possible de guérir aussi bien mentalement, physiquement que spirituellement : de l'intérieur.

58 - Apprendre à être bon

Pour un mode de vie sain, il est important que tu essaies de voir tout ton être comme une unité, dans laquelle la santé physique, mentale et spirituelle ne font qu'un. Si tu ne te concentres que sur un seul aspect, tu négliges inévitablement une partie importante de toi-même qui a peut-être besoin d'être améliorée.

C'est là qu'intervient le soin de soi, qui te permet de t'améliorer à tous les niveaux, grâce à une série d'activités qui abordent différents aspects en même temps.

Pour la santé physique, il peut par exemple être utile de faire du sport et de l'exercice, mais aussi de prendre soin de sa peau. Pour la santé mentale, il est bon de passer du temps seul ou de se consacrer à ses hobbies. En revanche, pour le bien-être mental, des occupations telles que la lecture ou la méditation sont utiles.

Quelle que soit l'activité que tu préfères, essaie de maintenir un équilibre entre tous les éléments qui contribuent à ton bien-être.

59 - N'aie pas peur de prendre soin de toi

Beaucoup de garçons et d'hommes craignent de prendre soin d'eux-mêmes, car cette pratique ne leur est pas familière. Ce n'est pas surprenant, car pendant de nombreuses années, cet aspect de la vie semblait être exclusivement réservé aux femmes. Il est toutefois important de souligner que même de nombreuses activités stéréotypées comme étant féminines ne le sont en réalité pas du tout : comment un bain chaud et relaxant pourrait-il saper la virilité d'un homme ? Il s'agit plutôt d'une pratique qui ne vise qu'à se sentir mieux.

Si ces choses n'entrent pas en ligne de compte pour toi, cela ne signifie pas qu'il n'y a pas d'autres choses qui conviennent mieux. Pense par exemple au temps que tu passes seul et prends le temps de te consacrer tranquillement à un hobby ou à la lecture d'un livre que tu aimes vraiment. Cela signifie aussi prendre soin de toi, et il n'y a pas à en avoir honte.

Il suffit donc de choisir l'activité qui te convient pour faire un pas de plus vers le bien-être.

60 - Créer une routine

Pour être sûr de ne jamais oublier de prendre soin de toi, il est très important de créer une routine. De cette façon, tu peux être sûr qu'il y aura toujours des moments où tu te sentiras bien.

Le moment idéal pour créer ces espaces est le matin au réveil ou le soir avant de se coucher. Mais l'intervalle de temps que tu choisis dépend aussi du type d'activité que tu as choisi. Le matin, tu peux inclure tout ce qui t'aide à te préparer pour la journée, aussi et surtout du point de vue de l'humeur et de la motivation, tandis que le soir, les activités qui te permettent d'évacuer le stress et de te détendre sont plus appropriées.

En outre, il est bon de pratiquer une autre activité pendant la journée. Cela peut être un sport l'après-midi, mais aussi une heure de lecture juste après le déjeuner. L'important est qu'il s'agisse de quelque chose qui te rende heureux et te fasse te sentir bien à tous les niveaux.

EN BREF

Prendre soin de soi n'est pas du tout un «truc de fille», mais un exercice qui peut être utile à tout le monde. N'aie pas honte de vouloir aller mieux, au contraire : accepte que cela fasse partie de la vie.
Prends soin de toi, physiquement, mentalement et spirituellement, et crée une routine qui te simplifie la vie et te rend heureux.

PARTIE 3: L'ÉCOLE

Chapitre 12:
L'école est l'exercice du futur

Dans ce chapitre, tu découvriras l'importance de l'école pour apprendre à vivre de la manière la plus appropriée pour toi et ton avenir.

Nous savons que l'école te semble ennuyeuse. Tu n'as pas envie de la prendre au sérieux et de toute façon, elle ne t'intéresse pas. C'est normal : la plupart des enfants pensent ainsi.

Et ensuite, ils le regrettent amèrement. Oui, à l'entrée de l'université ou dans le monde du travail, chacun se rend compte un jour ou l'autre qu'il aurait quand même dû faire un peu plus d'efforts à l'école.

Alors pourquoi ne pas apprendre de ceux qui ont déjà réussi ?

Commence par le début afin de voir l'école dans une perspective plus large. C'est ta première carrière, elle vaut donc la peine d'être prise au sérieux. Être attentif en classe et faire tous les devoirs permet non seulement d'apprendre ce qui est enseigné, mais aussi et surtout de comprendre comment se comporter, même si ce que tu dois faire ne t'amuse pas particulièrement ou si tu n'as pas envie de faire quelque chose.

Avec une telle attitude, tu réussiras dans ta vie, dès maintenant et à l'avenir.

61 - L'école n'est pas pour les intellos

À l'école, on a souvent l'impression que seuls les intellos s'engagent, alors que les enfants les plus «cool» sont ceux qui se soucient de l'apparence, du plaisir et éventuellement du sport.

Mais ce n'est pas vrai.

L'école n'est absolument pas réservée à une certaine catégorie de personnes. Elle convient à tous, précisément parce que chacun en a besoin pour réussir dans la vie, pour apprendre et pour atteindre ses objectifs.

L'école n'est donc pas une affaire d'intellos ou de "geeks", mais un moyen d'arriver à ses fins. Ce n'est pas parce que tu te concentres sur l'école que tes autres passions doivent complètement disparaître. Les devoirs ne t'empêchent pas de jouer au foot ou au basket ou de t'amuser avec tes amis. Inversement, l'entraînement ou les soirées ne doivent pas t'empêcher d'avoir de bonnes notes. Tu dois simplement apprendre à trouver un équilibre et à donner à chaque activité la place qui doit lui être accordée.

62 - Lire, lire, lire

Étant donné que tu lis ce livre, cela signifie que tu es déjà sur la bonne voie.

Oui, car la lecture est vraiment primordiale, même si ce que tu lis ne t'a pas été imposé à l'école. Les livres sont une véritable panacée, tant pour ta santé et ton intelligence que pour tes relations avec les autres : plusieurs études montrent qu'ils sont d'une aide fondamentale pour le développement personnel.

Tu n'y crois pas ?

En outre, la lecture aide à apprendre de plus en plus de vocabulaire, améliore la créativité, la pensée critique et la concentration. Elle aide également à mieux écrire, ce qui n'est pas une mince affaire, et peut même réduire le niveau de stress de 68 %. Comme par magie ! Et il n'y a là que certains avantages, mais il y en existe bien d'autres.

Rends-toi service : continue à lire comme tu le fais en ce moment. Trouve quelque chose qui t' intéresse et lis, lis, lis.

63 - Apprends autant que tu peux : Tu en auras besoin

Même si cela ne te plaît pas, tu dois rester assis à l'école, alors pourquoi ne pas essayer d'en tirer le meilleur parti ? Plutôt que de te distraire, essaie de profiter de chaque moment utile pour acquérir des compétences de base.

Non, nous ne parlons pas ici de mathématiques ou de grammaire, bien que cela ne fasse de mal à personne d'en savoir un peu plus. Nous parlons de toutes ces compétences qui ne te sont pas directement expliquées, mais qui peuvent être très utiles à l'avenir, comme la gestion du temps, l'organisation ou la capacité à collaborer avec les autres. Ce sont des qualités qui t'accompagneront toute ta vie et qui t'aideront dans les occasions les plus diverses.

Apprends le plus possible de l'école, non seulement les matières qui figurent dans ton emploi du temps, mais aussi et surtout tout ce qui se passe pendant les heures où tu n'as pas cours. Cela t'aidera vraiment.

Et une fois que tu es dans la vie active, tu pourras facilement utiliser tout ce que tu as appris dans ton environnement professionnel. Cela vaut aussi bien pour les informations que tu as apprises que pour tout ce que tu as absorbé indirectement. Ainsi, l'école ne sera jamais inutile, mais plutôt une source infinie d'aide précieuse.

64 - Le rôle des enseignants n'est pas de rendre ta vie impossible

Cela semble impossible, mais c'est pourtant vrai : tes professeurs ne se réveillent pas le matin avec l'envie de te voir souffrir. Au contraire, la plupart d'entre eux semblent être motivés par une passion pour leur matière ou pour l'enseignement en général, et cela ne signifie qu'une chose : le rôle des enseignants est de t'aider.

Si tu as l'impression qu'un enseignant essaie de te rendre la vie difficile, tu devrais par conséquent te poser quelques questions. La plupart du temps, ce sentiment vient du fait que tu sais que tu as enfreint une règle ou que tu n'as pas accompli une tâche qui t'était demandée. En d'autres termes, il s'agit d'un simple sentiment de culpabilité.

Dans ce cas, tu devrais essayer d'en parler à ton professeur. Ton désir de t'améliorer sera clair et tu recevras certainement de l'aide pour cette tâche fastidieuse. Tu peux aussi demander directement de l'aide si tu sens que tu en as besoin : ton professeur sera certainement heureux de t'aider. N'aie pas honte de faire appel à tes professeurs pour obtenir des informations supplémentaires : ils sont là pour ça.

En bref, le rôle des enseignants est de te faciliter la vie et de t'aider à réussir. Sois ouvert et honnête, demande de l'aide et elle te sera donnée. N'aie pas peur !

65 - Connaître ses limites

Même s'il est important de toujours faire de son mieux à l'école, il arrive souvent que la tâche dépasse tout simplement tes capacités. Après tout, l'esprit a aussi ses limites et il est juste de les respecter, comme nous l'avons constaté pour ton corps.

Avoir des limites signifie simplement savoir de quoi nous sommes capables et jusqu'où nous pouvons aller avant que l'effort ne devienne trop important. Cette prise de conscience nous aide non seulement à éviter les attentes irréalisables qui engendrent une déception, mais aussi à préserver notre bien-être mental. Enfin, cela t'aide à ne pas te donner d'excuses, et à faire simplement du mieux que tu peux.

Il est important de connaître ses limites afin d'éviter de se surcharger et de se faire du mal. Tout le monde doit par exemple dormir et manger. Si les devoirs ou les études t'empêchent de prendre soin de toi, cela n'en vaut pas la peine : tu dépasses tes limites.

Rappelle-toi donc que le plus important est toujours la santé, tant physique que mentale.

66 - Attention à la paresse

Mais en même temps, il est important de ne pas prendre le risque inverse : faire moins que son mieux. Il est très facile de confondre la paresse avec une limitation et d'essayer d'en faire moins en prétextant que l'on n'est pas assez bon. C'est pourtant un manque de respect, non seulement envers les enseignants, mais aussi et surtout envers toi-même.

Ce n'est qu'en t'efforçant toujours d'atteindre tes limites que tu pourras continuer à t'améliorer, et devenir, ainsi, la meilleure version de toi-même.

67 - Ne pas trop stresser

Puisque nous avons déjà parlé des limites qui peuvent être imposées à la santé physique et mentale, il convient de parler brièvement du stress.

D'une part, il est tout à fait normal de se sentir un peu stressé avant un examen ou une question. D'un autre côté, il ne faut pas généraliser cette excitation. Si tu as l'impression que le stress scolaire est vraiment trop important et que tu te sens mal, il est temps de faire une pause. Il est temps de prendre du recul et de réfléchir en profondeur à ce qui s'est passé et à ce qui pourrait en être la cause.

Si tu ne comprends pas la raison de tout ce stress, tu peux essayer de demander conseil à un adulte, par exemple un professeur ou tes parents. Ils pourront certainement t'aider à en savoir plus. Ils pourront également te suggérer quelques astuces qui te permettront de donner le meilleur de toi-même à l'école sans sacrifier ta santé.

EN BREF

Même si l'école te semble inutile et que tu n'as pas envie de t'investir, essaie de tirer le meilleur parti de cette expérience. Même si cela ne semble pas être le cas sur le moment, tout ce que tu apprendras pendant ces années se révélera décisif à l'avenir. Mais en même temps, apprends à évaluer tes limites et essaie de contrôler ton stress autant que possible pour rester en bonne santé et ne pas mettre en danger ta santé physique et mentale.

Chapitre 13: Engagement ou talent ?

Dans ce chapitre, tu apprendras que même le plus grand talent ne peut rien contre un engagement constant : c'est le véritable secret de la réussite.

L'un des éléments clé de l'apprentissage d'une attitude positive est de savoir que l'engagement est plus important que le talent. Et tu peux décider d'utiliser cette information à ton avantage pour créer la meilleure version possible de toi-même et continuer à t'améliorer chaque jour.

Prenons un exemple pratique. Supposons que tu ne sois pas très bon à l'école, ou du moins, moins que tu le penses. Eh bien, cela ne veut absolument pas dire que ta scolarité sera médiocre. Si tu travailles dur, tu peux facilement obtenir de meilleures notes et gagner en assurance en s'exerçant constamment.

Il en va de même pour chaque domaine auquel tu veux te consacrer.

68 - Le talent seul ne sert à rien

Le premier point de départ fondamental est de reconnaître que le talent seul est totalement inutile. Une personne peut être incroyablement douée, mais ne jamais rien accomplir, simplement parce qu'elle n'a même pas commencé à s'efforcer dans la bonne direction. Aucun grand sportif, pour ne citer qu'un exemple, ne serait jamais devenu professionnel s'il ou elle ne s'était pas entraîné(e) chaque jour et n'avait pas tout donné.

Et cela vaut aussi pour toi. Tu peux être incroyablement talentueux et compétent, mais tu n'arriveras à rien si tu ne travailles pas pour obtenir ce que tu veux. Il arrivera inévitablement un moment où tu auras le sentiment de ne pas être assez bon pour réussir, et les efforts que tu feras seront précisément eux qui compenseront ton manque d'expérience.

La conclusion est simple. Puisque le talent seul ne sert à rien, il ne te reste plus qu'à t'engager dès le début et à développer une bonne éthique de travail que tu pourras appliquer aux différents domaines de ta vie. Si tu sais comment te comporter correctement lorsque les choses vont bien, tu seras également capable de le faire lorsque les choses sont difficiles.

69 - Même les personnes douées échouent

Lorsque nous pensons aux génies, nous pensons toujours qu'il s'agit de personnes pleines de talent, qui n'ont jamais eu à travailler péniblement pour obtenir quelque chose. En réalité, ce n'est pratiquement jamais le cas. En règle générale, les personnes considérées comme les meilleures dans leur domaine ont investi beaucoup de temps et d'efforts pour arriver là où elles sont aujourd'hui. Cela s'explique par le fait que le talent n'est rien sans un travail acharné.

Pense par exemple à Thomas Edison, qui est devenu l'un des inventeurs les plus prolifiques de son époque. Il peut te sembler être un génie, mais il a construit pas moins de 1000 ampoules inutiles avant de réussir à mettre au point celle que nous utilisons encore aujourd'hui. Et cela, uniquement parce qu'il n'a pas abandonné, mais a continué à travailler dur et à faire des efforts, indépendamment du fait qu'il ait ou non du talent. En revanche, s'il n'avait compté que sur son talent, il aurait abandonné et échoué bien avant la fatidique bonne ampoule.

L'histoire est remplie de personnalités qui nous enseignent que, quel que soit notre talent ou notre manque de talent, nous pouvons échouer et réussir selon nos efforts. C'est donc à toi de ne pas abandonner et de continuer à essayer, d'apprendre de tes erreurs et de toujours aller de l'avant jusqu'à ce que tu atteignes ton objectif.

70 - Découvrir le secret de la réussite

Si tu essaies de comparer une personne naturellement douée à une personne engagée, tu constateras que l'engagement surpasse le talent quasiment à chaque fois. Bien sûr, la personne douée peut avoir l'avantage au début, mais elle finira par céder avec le temps. C'est une information que tu peux utiliser à ton avantage.

Si, par hasard, tu n'es pas très doué dans un domaine, continue d'approfondir. Un jour ou l'autre, tu seras capable de battre les autres qui n'ont pas fait autant d'efforts que toi, quel que soit ton niveau de talent. Inversement, si tu es doué, ne te repose pas sur tes lauriers, mais cherche toujours à t'améliorer et ne te laisse pas dépasser par ceux qui font également de leur mieux.

Nous avons évoqué tout à l'heure l'histoire d'Edison pour montrer que la plupart des personnes qui réussissent sont avant tout des travailleuses acharnées, quel que soit leur talent. Et il existe de nombreux exemples de personnes qui ont suivi le même chemin.

Voilà donc le secret de la réussite : toujours travailler sur la réalisation de ses propres objectifs. Ce parcours commence à l'école, elle est ta première vraie carrière. Donne-toi à fond dès maintenant pour pouvoir utiliser plus tard toutes les compétences que tu auras acquises pendant ces années.

71 - Tu seras ce que tu deviens maintenant

La plupart des élèves ne pensent pas qu'ils doivent faire des efforts à l'école parce que «ce que j'apprends ne servira de toute façon à rien dans la vie réelle». Et cela vaut surtout pour les élèves qui ne souhaitent pas faire d'études plus tard sur tel ou tel sujet..

Ce n'est évidemment pas du tout le cas. Même si tu sais déjà que tu ne veux pas approfondir certaines matières après l'école, la mentalité et l'éthique de travail que tu développes pendant ces années t'accompagneront pour le reste de ta vie, même dans le domaine professionnel.

Il existe en effet de nombreuses compétences que l'on apprend à l'école et qui trouvent une application pratique dans la vie de tous les jours. Lire et écrire, par exemple, sont deux activités que tu dois pratiquer tous les jours, dans tous les domaines. Cela vaut également pour l'apprentissage indirect, comme la discipline qui te fait te lever à l'heure tous les matins ou la capacité à te concentrer et à t'engager dans un objectif.

Essaie de te voir ainsi : si tu peux t'engager dans des choses que tu n'aimes pas ou qui ne t'intéressent pas, imagine ce que tu peux faire avec ce que tu aimes et ce qui te passionne.

L'école est l'occasion idéale d'apprendre exactement comment travailler au mieux et comment gérer les difficultés. Concentre-toi donc dès maintenant sur la manière d'améliorer ton potentiel et de devenir de plus en plus performant dans ce domaine en faisant des efforts continus.

EN BREF

Si tu veux vraiment réussir dans la vie, tu devrais commencer à l'école. C'est là que tu apprendras à t'engager pour atteindre tes objectifs. En effet, le véritable secret de la réussite est l'engagement et non le talent. Même la personne la plus talentueuse du monde échouera si elle ne travaille pas dur pour atteindre ses objectifs. Le talent seul ne suffit pas, alors n'abandonne pas et travaille toujours plus dur pour te construire la vie que tu souhaites.

Chapitre 14:
Une organisation parfaite

Dans ce chapitre, tu apprendras que l'organisation est la clé de la sérénité et qu'elle ouvre la porte du succès.

Nous ne cessons pas de le répéter : l'organisation est en effet le secret pour tout réussir à faire, et à le faire bien. Si tu n'organises pas tes ressources, ton espace et ton temps, il est quasiment impossible de trouver la clarté nécessaire pour te concentrer et t'engager. L'école te donne la possibilité d'essayer différentes techniques d'organisation afin de trouver celles qui te conviennent le mieux. Tu peux ensuite trouver le schéma qui t'aide le plus et l'appliquer à chaque domaine dans lequel tu veux être le plus performant.

72 - Travailler mieux pour travailler moins

Nous connaissons tous la fameuse expression selon laquelle il vaut mieux travailler mieux pour travailler moins. C'est facile à dire, mais comment faire ?

L'un des meilleurs moyens est de s'organiser pour économiser des ressources, de l'énergie et de l'espace mental sans compromettre le résultat final.

Réfléchis un peu à cela : combien d'énergie et de temps perds-tu lorsque tu ne trouves pas quelque chose que tu n'as pas remis à sa place ? Ou lorsque tu oublies quelque chose et que tu dois te dépêcher de faire ? Si tu t'efforces à être organisé au mieux que possible, tu sais toujours où se trouvent toutes tes affaires, tu te souviens des rendez-vous à ne pas oublier et tu peux donc consacrer ton énergie ailleurs.

Remplace le temps que tu perdrais à paniquer par une bonne séance de révision ou un moment avec tes amis : Il suffit vraiment de s'organiser !

73 - Un espace ordonné crée un esprit ordonné

La première étape d'une organisation efficace consiste à ranger ta chambre. Cela peut paraître idiot, mais combien de fois t'es-tu laissé distraire pendant tes études simplement parce que tout était sur ton bureau ? Combien de fois t'es-tu perdu parce que tu regardais autour de toi alors que tu aurais dû écouter le professeur ?

Un esprit ordonné commence donc par un bureau ordonné, puis par un espace ordonné, car c'est la seule façon de maintenir ta concentration. L'important à cet égard est de trouver un système qui fonctionne pour toi. Certains trouvent qu'une organisation trop rigide est fatigante, car elle ne laisse pas assez de place à la créativité. D'autres préfèrent au contraire savoir exactement ce qu'ils doivent faire dès le départ. Toi seul peux savoir ce qui est le mieux pour toi.

Quoi qu'il en soit, essaie de créer un bureau et un espace qui t'incitent à t'installer et à vraiment te concentrer. Peut-être que la clé consiste à tout enfermer dans des tiroirs pour que tes yeux ne s'égarent pas et que tu puisses te concentrer sur la seule chose qui se trouve devant toi ? Peut-être qu'une belle image qui te ramène au calme est une meilleure option pour toi ? Cela dépend entièrement de toi.

74 - Le temps, c'est de l'argent

L'organisation vaut aussi pour le temps. La gestion du temps implique que tu planifies ta journée de façon à atteindre tous tes objectifs dans un délai préalablement fixé.

Ce n'est évidemment pas une tâche facile, surtout au début : il n'est pas toujours facile de savoir combien de temps il te faudra pour accomplir une tâche.

De plus, ce processus devient de plus en plus complexe au fil du temps, à mesure que le nombre de tâches à accomplir augmente. En bref, ce n'est simple pour personne.

Heureusement, il existe des moyens de s'améliorer. Tout d'abord, essaie de savoir clairement ce que tu dois faire et dans quel délai tu dois le faire : utilise chaque jour un calendrier ou un journal, soit sur papier, soit sur ton ordinateur ou ton téléphone portable, pour te faciliter la tâche. Le support que tu choisis n'a pas d'importance : L'essentiel est que cela fonctionne pour toi.

75 - Ne retarde rien

Si tu as bien fixé tous tes rendez-vous, essaie de ne rien remettre à plus tard. C'est justement le fait de remettre constamment à plus tard qui pourrait t'amener à avoir de plus en plus de choses à faire et donc à stresser. Occupe-toi tout de suite des choses les plus urgentes, afin d'avoir une marge de manœuvre au cas où une nouvelle obligation imprévue se présenterait.

Si tu constates que la procrastination devient une habitude pour toi, crée un espace pour étudier et une routine sur laquelle tu peux compter chaque jour. Pour ce faire, essaie de déterminer une heure d'étude fixe qui te conduira chaque jour à ton bureau. Ainsi, tu pourras progresser pas à pas. Dans ce cas, il est préférable d'étudier directement après la fin des cours, afin que tu sois encore concentré et que tu ne sois pas fatigué. Toutefois, si tu constates que cela te fatigue particulièrement, tu pourrais faire des pauses pour régénérer ton énergie mentale.

Si tu as fixé un horaire fixe, respecte-le. Il est bien plus facile d'étudier 15 minutes chaque jour que d'étudier cinq heures d'affilée.

76 - Créer un système et l'utiliser

L'organisation peut vraiment t'éviter un stress inutile, alors n'hésite pas à essayer toutes les techniques jusqu'à ce que tu trouves celle qui est parfaite pour toi. Ce n'est pas parce qu'un système fonctionne pour tes parents ou tes amis qu'il fonctionnera pour toi, et c'est tout à fait normal. Ce n'est qu'en trouvant la méthode d'organisation qui te convient que tu pourras en tirer tous les bénéfices.

Une fois que tu as trouvé le bon système, tu ne dois plus en changer. En répétant sans cesse le même schéma, tu crées un sentiment de constance qui rend tout plus facile. Avec le temps, l'organisation ne te pèsera plus, car tu seras tellement habitué à suivre ton modèle que le processus deviendra automatique et te semblera normal.

EN BREF

Si tu veux vraiment réussir à l'école, essaie toujours d'être organisé. Trouve le système d'organisation parfait pour toi et fais-en le meilleur usage possible : tu peux obtenir le maximum avec le minimum d'efforts.

PARTIE 4:
LES RELATIONS

Chapitre 15:
I genitori

Dans ce chapitre, tu apprendras comment gérer ta relation avec tes parents.

La relation avec les parents est certainement l'une des plus importantes pour chaque jeune. Il est important qu'elle soit saine et respectueuse et qu'elle conduise à une aide mutuelle. Indépendamment de l'identité de tes parents, il est vraiment essentiel d'entretenir une bonne relation avec eux, car cela te permet également de déduire la manière dont tu dois te comporter et interagir avec les autres.

En bref, si tu apprends à comprendre tes parents et comment te comporter avec eux, tu deviendras non seulement un meilleur enfant, mais aussi une meilleure personne.

77 - Les parents aussi apprennent

La première chose à comprendre est que les parents ne sont pas nés parents. Ce sont des personnes qui apprennent tous les jours et qui peuvent faire des erreurs. Bien que cela puisse avoir une conséquence majeure à nos yeux, elle fait partie du processus d'apprentissage.

Cela signifie que tes parents ne sont peut-être pas parfaits, mais qu'ils font de leur mieux pour t'éduquer de manière à ce que tu aies confiance en toi, que tu sois heureux et en bonne santé, même s'il peut y avoir des couacs en cours de route.

Tout comme tes erreurs, les leurs sont des opportunités pour mieux comprendre les choses et mieux apprendre à se connaître, alors, essaie de les percevoir comme telles.

78 - Laisse-les faire

Et c'est justement parce que tes parents apprennent encore que tu devrais parfois les laisser faire. Bien sûr, il serait facile de se mettre en colère lorsqu'ils font des erreurs, mais ils vivent cette situation probablement encore plus mal que toi, il n'y a donc aucune raison de se mettre en colère.

Pense seulement au fait que de nombreux parents passent la nuit à réfléchir à ce qu'ils ont fait de mal et à la manière dont ils auraient pu se comporter autrement. Et ce, sans que tu aies à les accabler de leur erreur. Alors pourquoi ne pas essayer de les aider et de les comprendre au lieu de les engueuler ?

Après tout, pendant ce temps, ils font de leur mieux pour t'éduquer et s'éduquer eux-mêmes. Ce n'est certainement pas une tâche facile.

79 - Prends le temps de connaître tes parents

Les parents sont aussi des personnes comme les autres. Cela signifie qu'ils ont leur propre caractère, des choses qu'ils aiment et détestent, et toute une série d'intérêts et d'occupations qui vont bien au-delà de leur rôle de mère ou de père. Es-tu sûr de les connaître vraiment ?

Apprendre à connaître ses parents est un processus très gratifiant. Bien sûr, leur rôle est généralement de t'éduquer, de te guider et de te donner des conseils, mais il n'y a aucune raison pour qu'ils ne deviennent pas aussi tes amis. Tu découvriras qu'au moins l'un de tes parents, si ce n'est les deux, te ressemble énormément et qu'il ou elle vit beaucoup d'expériences qui s'apparentent aux tiennes. Et même si vous vous rendez compte ensemble que vous êtes bel et bien différents, cela ne changera rien au fait que vous pouvez désormais créer de nouveaux souvenirs ensemble et que vous pourrez parler de cette période pour le reste de votre vie.

Cela vaut vraiment la peine de prendre le temps d'échanger avec tes parents aussi souvent que possible. Tu peux commencer par leur demander comment ils étaient à ton âge, afin de créer d'emblée un point de proximité. Plus vous vieillirez, plus votre relation sera profonde et vous apprendrez à vous comprendre de mieux en mieux.

80 - Demande conseil à tes parents

La dernière suggestion, qui concerne la relation avec tes parents, est de leur demander conseil.

Nous savons que ce n'est pas si simple. Les parents semblent toujours trop vieux et d'une autre génération, et il est facile de penser qu'ils ne comprennent pas ce que tu traverses, et encore moins comment tu le ressens.

Mais ce n'est pas tout à fait vrai. Comme nous venons de le dire, les parents sont des personnes comme les autres, et il est donc impossible que leur vie se soit arrêtée au moment où tu es né. Ils savent comment est le monde et ils peuvent t'aider à mieux le comprendre, car ils sont là pour ça. Ils seront heureux de t'aider si tu as des problèmes, et il te suffit de leur demander conseil.

Bien sûr, il se peut que tu te sentes un peu bizarre à ce sujet au début, mais tu finiras par t'en réjouir. Tes parents n'ont aucun intérêt à te juger ou à te mettre mal à l'aise : ils veulent juste que tu sois bien.

EN BREF

La première relation que tu construis avec les autres est celle que tu as avec tes parents. Construire une relation saine et heureuse avec eux est donc la première étape pour devenir une meilleure personne. Même si la différence d'âge peut te donner l'impression d'être distant, les parents sont en réalité des personnes comme tout le monde, qui peuvent faire des erreurs, mais qui t'aident aussi à résoudre les tiennes. Donne-leur une chance et apprends à les connaître.

Chapitre 16:
Les frères et soeurs

Dans ce chapitre, tu apprendras comment entretenir ta relation avec tes frères et sœurs.

La relation avec tes frères et sœurs est également particulièrement importante et arrive en deuxième position après la relation avec tes parents. Une relation forte avec tes frères et sœurs peut durer toute une vie, et même devenir une pierre angulaire au fil des années. Même si tu es enfant unique, cela ne signifie pas que tu dois renoncer à cette expérience : un cousin ou un ami de la famille peut devenir comme un frère ou une sœur pour toi.

81 - Tes frères et sœurs sont tes amis

Si tu as des frères et soeurs, félicitations : tu as beaucoup de chance. Si tu leur montres le respect qu'ils méritent, tu t'es fait des amis pour la vie. Après tout, tu ne connaîtras personne aussi bien qu'eux, et vice-versa : vous avez grandi dans le même environnement et vous avez probablement toute une panoplie d'expériences en commun, c'est pourquoi ils peuvent devenir tes copains.

C'est un grand avantage !

Essaye de ne pas les considérer comme des ennemis, mais comme des alliés. Rassemblez vos forces. Même si cela est certainement désavantageux pour tes parents lorsque tu es plus jeune, avec le temps, ce sera mieux pour tout le monde et tu apprendras à apprécier de plus en plus cette relation.

Cela signifie que vous pouvez vous aider mutuellement au lieu de vous mettre constamment des bâtons dans les roues. Car deux têtes valent de toute façon plus qu'une, et c'est ainsi que tous les problèmes peuvent être résolus.

Peu importe le nombre de frères et sœurs que tu as, crée un lien durable avec eux et amuse-toi bien avec chacun d'eux.

82 - Passe du temps avec tes frères et sœurs

L'une des meilleures façons de renforcer les liens avec tes frères et sœurs est de faire une activité ensemble, si elle se déroule en plein air, c'est encore mieux. Au lieu de rester assis à la maison, les yeux rivés sur un écran, tu devrais les emmener dehors et créer de nouveaux souvenirs ensemble.

Vous pourriez par exemple essayer d'explorer votre environnement. Que vous viviez à la campagne ou en ville, il y a toujours des coins amusants et intéressants à choisir. De cette manière, vous pouvez vraiment créer des souvenirs qui resteront gravés dans vos mémoires toute votre vie et dont vous rirez ensemble quand vous serez vieux.

83 - Demande conseil à tes grands frères

Si tu es le frère cadet, n'hésite pas à demander conseil à tes frères aînés.

Ils ne te jugeront absolument pas, au contraire : ils veulent t'aider, surtout si vous avez une bonne relation. Car, quel que soit ton problème, ils l'ont probablement déjà vécu, et récemment !

84 - Protège tes jeunes frères et sœurs

En revanche, si tu es le grand frère, tu dois toujours garder un œil sur tes petits frères et sœurs. Ton rôle est d'aider tes parents à les protéger et à les aider autant que possible. Tu verras, quand ils seront plus grands, ils te seront reconnaissants de tous les conseils que tu leur auras donnés.

Cependant, essaie quand même de ne pas te comporter comme un parent. Personne n'aime être «sermonné» par quelqu'un qui n'est pas sa mère ou son père, alors ne les remplace pas. N'agis que si tu es sûr qu'un de tes frères et sœurs a des problèmes et a besoin d'aide, mais laisse-les aussi faire des erreurs et vivre leur vie comme ils l'entendent.

EN BREF

Tes frères et sœurs peuvent être tes meilleurs amis, si tu le veux bien. Connecte-toi avec eux et amuse-toi ensemble pour créer des souvenirs qui dureront toute une vie. Si vous vous aidez et vous conseillez mutuellement, vous aurez vraiment le plus grand avantage possible.

Chapitre 17: Les grands-parents

Dans ce chapitre, tu apprendras comment gérer ta relation avec tes grands-parents.

En tant qu'enfant, tu as parfois l'impression que tes grands-parents sont un fardeau. Tu n'as peut-être pas envie de leur parler au téléphone ou de dormir chez eux quand cela arrive. On a presque l'impression qu'on ne peut pas s'amuser avec eux.

Malheureusement, il y a beaucoup de petits-enfants qui se retrouvent dans ce cas. Et c'est vraiment dommage, car en raison de leur âge, ils n'ont que très peu de temps à passer avec leurs grands-parents, qui peuvent leur transmettre des connaissances et des histoires tout au long de leur vie.

Grâce à une bonne relation avec tes grands-parents, tu peux vraiment vivre mille aventures.

85 - Rappelle-toi que tu as de la chance

Beaucoup n'ont pas eu l'occasion de rencontrer leurs grands-parents. Ils ne sont plus parmi nous, et avec eux ont disparu toute l'histoire familiale, les connaissances et les anecdotes qu'ils avaient conservées.

Si tes grands-parents vivent encore avec toi, tu dois considérer cela comme une véritable bénédiction. Tu as vraiment de la chance d'avoir pu établir une relation avec eux, de les connaître et de passer du temps avec eux. Plus tu grandiras, plus tu apprécieras cette relation, surtout tant qu'ils sont en bonne santé. Et si tu as déjà une relation particulière avec tes grands-parents, tu peux vraiment t'estimer chanceux.

Toutefois, si tes grands-parents ne sont plus parmi nous, cela ne signifie pas que tu ne peux pas avoir une relation similaire avec quelqu'un d'autre. Il peut s'agir d'un grand-oncle ou d'une grand-tante, d'amis de la famille de tes grands-parents, de quelqu'un avec qui tu peux établir une relation similaire.

86 - Découvre d'où vient ta famille

L'une des histoires les plus intéressantes que tes grands-parents peuvent te raconter est celle de ta famille.

Tes parents ne connaissent peut-être pas très bien le sujet, mais avec les années, ce type d'information devient de plus en plus important, et c'est justement pour cela que les grands-parents sont une véritable mine de traditions et d'histoires. Et c'est vraiment intéressant.

Essaie de demander à tes grands-parents d'où vient ta famille, quel est son passé.

Comprendre d'où l'on vient peut être la première étape pour savoir où l'on souhaite aller. De plus, chaque grand-parent a sa propre technique pour raconter ses histoires, et c'est toujours amusant de découvrir quels souvenirs ce récit évoque.

87 - Passe du temps avec tes grands-parents

En-dehors du fait que vous parlez de votre histoire familiale, il y a beaucoup d'activités que tu peux faire pour te connecter avec tes grands-parents.

Même si tu as en premier lieu l'impression de n'avoir rien en commun avec eux, tu constateras que vous avez en fait de nombreux points communs. Par exemple, de nombreux grands-parents sont toujours passionnés de sport, même s'ils ne sont peut-être plus assez en forme pour en pratiquer : vous pouvez regarder un match ensemble et le commenter. Ou peut-être aimez-vous tous les deux les activités manuelles comme le travail du bois ou le jardinage : quoi de mieux que de faire ce genre d'activités ensemble ?

Grâce au temps que vous passez ensemble, toi et tes grands-parents pouvez construire un véritable lien. Et même si vous vivez loin, la technologie actuelle vous permet de rester ensemble, même à distance, où que vous soyez dans le monde. Apprends à tes grands-parents à utiliser ces outils pour qu'ils puissent toujours communiquer avec toi.

EN BREF

Grâce à une bonne relation avec tes grands-parents, tu peux vraiment vivre mille aventures. Demande-leur de te raconter l'histoire de votre famille ou de passer du temps avec eux pour découvrir les hobbies que vous avez en commun.
Grâce à la technologie actuelle, il y a vraiment mille façons de faire des rencontres, alors ne laisse pas passer cette occasion.

Chapitre 18: Amis

Dans ce chapitre, tu apprendras comment entretenir tes relations avec tes amis.

En tant qu'enfants, tout notre monde tourne autour de l'amitié. Pour beaucoup, il s'agit du type de relation le plus important qui soit. Avoir de bons amis est la base d'une vie heureuse et saine, du moins à cet âge. Et c'est tout à fait logique si l'on considère que les amis sont l'une des premières relations que nous connaissons.

Cependant, bien que les amitiés jouent un rôle si important dans la construction d'une vie de plénitude, les amitiés négatives peuvent aussi tout anéantir. La pression exercée par les personnes autour de soi que l'on ne connaît pas bien peut être vraiment effrayante.

Face à ce danger permanent, la capacité à trouver de vrais amis, en qui l'on peut avoir une confiance aveugle, est particulièrement importante.

88 - Mieux vaut peu, mais bien

Un célèbre proverbe dit : mieux vaut peu, mais bien. Et c'est tout à fait vrai. À l'école, on a souvent l'impression que les personnes populaires ont des centaines d'amis et que c'est un objectif à atteindre à tout prix. Il est cependant important de reconnaître que dans ce cas, nous n'avons pas d'amis, mais seulement des connaissances, qui n'ont donc pas la même importance dans notre vie.

Pour un bonheur durable, il vaut mieux avoir quelques amis plutôt que beaucoup de connaissances. Les vrais amis sont toujours là quand on a besoin d'eux, on est heureux de les avoir autour de soi et la relation avec eux est sincère et positive, même s'ils sont peu nombreux. En revanche, nous nous soucions peu de nos connaissances, souvent nous ne nous sentons même pas à l'aise en leur présence et nous ne les connaissons que très peu.

Privilégie donc les quelques amis avec lesquels tu veux vraiment construire une relation signifiante. Ce sont les personnes sur lesquelles tu peux compter lorsque tu es en difficulté, qui durent et qui seront toujours là dans ta vie.

89 - Les introvertis ont aussi besoin d'amis

Si tu es introverti, il peut te sembler impossible de te faire des amis.

Mais tu en as aussi besoin. La seule différence, c'est que tu peux te contenter de quelques amis en moins et que tu peux sans soucis te passer des grands groupes dans lesquels tu sembles de toute façon presque disparaître. Mais toi aussi, quand tu as des problèmes, tu as besoin de quelqu'un qui te soutienne et te fasse sourire.

La clé pour se faire de bons amis, même si tu es introverti, est simplement de chercher d'autres introvertis comme toi. Bien sûr, tu peux aussi te lier d'amitié avec des extravertis, mais si cela te pose des problèmes, tu peux simplement trouver quelqu'un qui te ressemble et qui peut te tenir compagnie d'une manière qui ne te dépasse pas.

90 - Tu es tes amis

Lorsque l'on choisit des amis, il est important de les choisir avec soin. Après tout, tu es vraiment tes amis.

Mais qu'est-ce que cela signifie ?

Que nous sommes tous facilement influencés par les personnes avec lesquelles nous passons habituellement du temps. Si tu es constamment entouré de personnes mauvaises, irresponsables et égoïstes, il est probable que tu deviennes bientôt comme elles.

Inversement, si tes amis sont des gens qui sont engagés, amicaux et bons, tu auras tendance à te comporter comme eux.

Le fait que les personnes avec lesquelles tu t'entoures changent à ce point ton comportement et ta personnalité rend le choix de tes amis encore plus important. Il est important que tu choisisses toujours quelqu'un que tu respectes, que tu admires et avec qui tu veux vraiment passer du temps. En choisissant tes amis de cette manière, tu les aides à créer la meilleure version d'eux-mêmes et tu peux les aider à faire de même.

Si tu es sélectif, cela signifie bien sûr que tu auras moins de personnes à choisir. Mais ceux qui deviendront finalement tes amis seront aussi les meilleurs possibles. Continue à traiter toutes les personnes avec respect, même si elles n'ont pas une bonne influence sur toi. De cette façon, tu peux simplement t'éloigner et rester fidèle à tes valeurs.

91 - Les amis vont et viennent

Encore une fois, nous allons parler de changement. Oui, car ce concept s'applique aussi aux amitiés, comme à tout le reste.

Les amitiés aussi peuvent changer avec le temps, qu'on le veuille ou non. Il est toujours triste de voir un ami partir, quelles que soient les circonstances, mais on ne peut rien y faire. C'est une partie inévitable de la vie. En fait, des études ont montré que la plupart des amitiés nouées pendant l'enfance ne perdurent pas au-delà de la période scolaire.

Et la raison en est que l'on change, et beaucoup. Au fil des années, deux amis peuvent se rendre compte qu'il n'y a plus assez de points communs pour qu'ils restent ensemble. Même si l'on s'aime encore et que l'on garde des souvenirs positifs de cette relation, rien n'est plus comme avant.

Tu ne prendras peut-être conscience de ce processus que lorsque tu auras quitté l'école. Si chacun doit suivre son propre chemin, certaines amitiés vont changer de manière permanente. La bonne nouvelle, cependant, c'est que tu trouveras d'autres personnes, de nouveaux amis, qui auront plus en commun avec la personne que tu es devenue. Et tout ira bien.

92 - Se battre, c'est normal

À quelle fréquence te disputes-tu avec tes amis quand tu es adolescent ? Cette période coïncide avec la découverte de sa propre identité et la question de savoir qui l'on veut être, ce qui signifie que l'on se dispute peut-être beaucoup plus souvent qu'avant.

Une dispute ne signifie évidemment pas la fin d'une amitié : elle fait simplement partie d'un processus qui rendra la relation encore plus forte. D'un autre côté, il est impossible d'être toujours d'accord sur tout, surtout dans une phase où l'on découvre quelles sont ses valeurs, et ce en quoi on croit vraiment. Cela dit, il y a certainement de «bonnes» et de «mauvaises» disputes.

93 - ... l'important, c'est la solution

Les garçons peuvent être vraiment méchants, c'est certain, mais en règle générale, cette méchanceté peut provenir de différentes raisons. Elle pourrait par exemple être causée par un malentendu, surtout si l'on communique souvent par message écrit et non oralement. Il est, en effet, très facile de mal interpréter le ton sur lequel quelque chose est dit. La solution dans ce cas est simple : parlez-en, tout simplement.

Une autre cause fréquente de disputes est une faible estime de soi et, par conséquent, la jalousie. Combien de fois les gens se disputent-ils uniquement parce qu'ils sont jaloux de la réussite de l'autre et se sentent inférieurs ? En effet, si c'est la raison de la dispute, l'élément déclencheur peut provenir de causes irrationnelles.

Si tu es confronté à ce deuxième cas, ou en tout cas à une dispute causée par autre chose qu'un malentendu, les solutions peuvent être différentes selon la situation.

Tu peux essayer de donner de l'espace à ton ami(e), de le laisser «refroidir» sa colère, puis d'en parler calmement : parfois, on dit des choses que l'on ne pense pas, simplement parce que l'on est à la merci de ses émotions, alors laisse passer un peu de temps. Conviens d'un moment précis où vous en parlerez afin de clarifier la situation. Il est de loin préférable d'en parler de vive voix afin d'éviter d'autres malentendus.

À ce stade, la discussion ne peut être réellement utile que si chacune des deux parties exprime sincèrement ses sentiments et décrit la situation telle qu'elle l'a vécue. Avoir la prétention de connaître les pensées de l'autre n'est jamais une solution. Souviens-toi cependant que si la dispute est particulièrement grave ou si ton ami est trop méchant, n'hésite pas à tourner la page. Toutes les disputes ne peuvent pas être résolues et toutes les relations ne sont pas saines, justement, il est important de reconnaître le moment où nous ne faisons que nous blesser mutuellement.

EN BREF

La clé d'une vie satisfaisante est de trouver les bons amis pour soi. Même s'ils sont peu nombreux, il est important qu'il s'agisse de personnes en qui tu peux avoir confiance et qu'elles aient une influence positive sur ta vie et t'incitent à devenir la meilleure version de toi-même.

Les amis que tu auras ne seront peut-être pas les mêmes que ceux que tu as actuellement, mais ce n'est pas grave. Même si tout change avec le temps, y compris les amitiés, cela ne change rien au fait que tu trouveras toujours des personnes qui te soutiendront.

PARTIE 5:
QUELQUES AUTRES SECRETS

Chapitre 19: Se préparer pour l'avenir

Dans ce chapitre, tu découvriras quelques autres secrets pour te préparer à l'avenir.

Quel que soit l'avenir qui t'attend et ce que tu espères réaliser, rien ne t'empêche de t'y préparer dès maintenant. Cela signifie que tu peux commencer dès maintenant à te préparer pour le monde du travail ou même pour l'université, si tel est ton objectif.

94 - Toi aussi, tu peux gagner quelque chose

Il est normal de ressentir dès le plus jeune âge le besoin de gagner de l'argent pour avoir plus de liberté, par exemple pour sortir avec des amis et s'adonner à ses hobbies. Tu peux y parvenir en trouvant un petit travail qui occupera ton temps libre et qui te permettra de gagner un peu d'argent.

La partie la plus difficile est bien sûr de trouver le travail parfait. Tu dois en trouver un qui ne t'occupe que le week-end et le soir, puisque tu ne peux quoiqu'il en soit pas quitter l'école. Réfléchis donc aux emplois qui s'y prêtent. Un exemple serait serveur, mais tu peux aussi donner des cours dans les matières où tu es le plus doué, ou faire du baby-sitting.

Pendant l'année scolaire, tu ne peux te permettre que des emplois à temps partiel, c'est-à-dire des emplois qui n'occupent qu'un nombre limité d'heures par semaine. Si tu le souhaites, tu peux toutefois augmenter ton temps de travail en été. Il existe en effet de nombreux emplois saisonniers qui profitent de la période des vacances, comme certains parcs d'attractions par exemple.

Les avantages d'un emploi saisonnier sont vraiment nombreux. D'une part, tu n'as pas besoin de travailler pendant que tu es à l'école. D'autre part, tu peux te concentrer entièrement sur tes études, sans autres distractions. Tu peux donc aussi envisager cette possibilité.

95 - Suivre ses passions

Certes, au début, l'enthousiasme d'avoir trouvé un nouvel emploi pourrait te pousser à accepter toutes les opportunités qui se présentent. Mais attends un peu. Sur ce chemin, n'oublie jamais de chercher une activité qui te passionne. Ce n'est qu'ainsi que tu pourras te faire plaisir tous les jours sans que cela te pèse particulièrement. Par exemple, si tu as une passion pour les sucreries, demande à une boulangerie près de chez toi si elle a besoin d'aide. Si tu aimes beaucoup le café, pose ta candidature dans un café. Et ainsi de suite.

Indépendamment de tes intérêts, tu devrais toujours choisir un travail qui pourrait te plaire.

96 - Faire les premiers pas

Si tu veux à tout prix chercher un emploi, voici les premières étapes pour y parvenir :

- Rédige un curriculum vitae. C'est un document qui contient toutes tes expériences et compétences. Il doit également contenir ton nom et tes coordonnées. Demande à tes parents de te conseiller sur la manière de rédiger le CV parfait.
- Demande à ta famille et à tes amis s'ils connaissent quelqu'un qui cherche de l'aide. Le bouche à oreille peut vraiment être un bon allié.
- Recherche un emploi en ligne. Il existe une multitude de plateformes dédiées à cet effet.

Et n'oublie pas de travailler dur et de t'amuser encore plus !

97 - Utiliser ses talents sans quitter la maison

En parlant de travail en ligne : de nos jours, il existe effectivement de nombreuses plateformes sur lesquelles tu peux gagner de l'argent en utilisant simplement tes talents ou tes compétences. Si tu es particulièrement doué pour quelque chose, pourquoi ne pas essayer de gagner un peu plus d'argent ?

Les sites web qui permettent cela sont nombreux et fonctionnent chacun à leur manière. D'une part, il y a des sites sur lesquels tu proposes un service et où tu peux être contacté par d'éventuels «clients» qui te rémunèrent pour une certaine commission. C'est par exemple le cas de sites comme Fiverr ou Freelancer.com. Sur ces plateformes, tu peux toutefois rencontrer quelques difficultés en raison de ton âge. Il peut toutefois être utile de s'y familiariser : cela te sera utile à l'avenir si tu souhaites utiliser ces plateformes en tant que freelance ou en tant que client.

Il est toutefois plus simple d'utiliser des sites qui proposent une rémunération beaucoup plus immédiate, c'est-à-dire pour un travail donné. Il peut s'agir par exemple d'un texte écrit : des plateformes comme Publisuites proposent une rémunération pour chaque article ou contribution écrite. D'autres sites, comme Shutterstock, te proposent de vendre tes photos si c'est ta passion.

Si vous aimez le monde des réseaux sociaux, tu peux aussi essayer comme ça. Avoue-le : toi aussi, tu as un Youtubeur ou un Tiktoker préféré. Aussi long et indirect que soit le chemin pour faire des réseaux sociaux son métier, il n'y a pas de meilleur moment que maintenant pour s'orienter vers ce milieu. Chois un sujet qui te passionne vraiment et partage-le avec tes followers. Qui le sait ? Peut-être que tu pourrais être le prochain influenceur à succès.

En bref, quelle que soit la voie que tu choisis, n'oublie jamais qu'il est important de suivre tes passions, de t'engager et surtout de t'amuser. Et si en plus tu peux apprendre quelque chose de nouveau ou gagner un peu d'argent, c'est encore mieux !

98 - Préparation aux études

En revanche, si tu penses déjà à l'université, il est bon de se concentrer uniquement sur ce point pour le moment.

Le choix n'est évidemment pas facile. Le fait que tu connaisses ou non une université et le type d'université que tu choisis pour le futur peuvent vraiment faire une différence pour ta vie après l'école. Il n'est donc jamais trop tard pour commencer à se préparer.

Dès l'école secondaire, le plus important est d'apprendre à être le meilleur élève que tu puisses être, de toujours s'entraîner et de travailler dur. Tu peux commencer dès maintenant à te renseigner sur les différents métiers que tu souhaites exercer à l'avenir et sur le bon cursus pour y parvenir. Si tu as une passion, c'est le moment de découvrir comment tu peux l'utiliser dans le monde du travail pour construire la carrière de tes rêves.

Parle également à ta famille et à tes amis, mais surtout à tes professeurs, pour obtenir un maximum de conseils utiles. Ils peuvent non seulement t'aider à comprendre quelles sont les différentes universités qui peuvent t'intéresser, mais ils peuvent également te suggérer les points sur lesquels tu devrais te concentrer dès maintenant pour atteindre ton objectif.

Une autre idée que tu peux mettre en pratique est de parler à un certain nombre d'adultes qui font partie de ta vie et de leur demander ce qu'ils aiment et ce qu'ils détestent dans leur travail, le type d'études qu'ils ont suivies pour obtenir cette profession, et ainsi de suite.

En bref, profite de ces années pour recueillir le plus d'informations possibles.

99 - Essaie de faire du bénévolat

Une bonne idée pour s'engager dans l'avenir est de passer du temps à faire du bénévolat.

De cette manière, tu ne fais pas seulement une bonne action et aides les personnes dans le besoin, mais tu découvres également les différents domaines dans lesquels tu travailleras. Par exemple, si tu proposes d'aider des enfants après l'école, tu peux découvrir si tu aimes le métier d'enseignant ou du moins une activité qui concerne ce groupe d'âge. En bref, tu peux faire des essais dans le domaine.

De plus, le bénévolat te donnera certainement la bonne motivation pour devenir une meilleure personne : qu'y a-t-il de plus beau que d'aider les autres ?

EN BREF

Quel que soit l'avenir qui t'attend, tu peux commencer à le réaliser dès maintenant. Que ton objectif soit de gagner un peu d'argent ou de te préparer à l'université, tu ne peux réussir qu'en t'engageant et en travaillant dur. Commence maintenant !

Chapitre 20:
Les réseaux sociaux

Dans ce chapitre, tu découvriras quelques secrets supplémentaires sur l'utilisation des réseaux sociaux.

De nos jours, tous les jeunes passent beaucoup de temps sur leur téléphone portable et utilisent les fameux réseaux sociaux. Peu importe que l'on regarde des vidéos, que l'on aime des photos ou que l'on crée soi-même du contenu : l'écran nous fascine de plus en plus.

Bien que de nos jours, pratiquement tout le monde est actif sur les réseaux sociaux et que la plupart des gens pratiquent cette activité pendant leur temps libre, il s'agit en réalité de quelque chose de très risqué.

Mais comment ? Si tout le monde l'utilise, comment peut-il faire autant de dégâts ?

100 - La vie sociale peut être en danger ...

Le premier danger des réseaux sociaux est qu'ils nous éloignent de la réalité.

Que tu sois scotché sur ton écran comme tout le monde ou que tu aies peur de rater quelque chose, tu fais en fait toujours défiler ton fil d'actualité, à la recherche d'une autre vidéo, d'une autre photo. Et bien sûr, ce sont les réseaux sociaux eux-mêmes qui te demandent de le faire, avec des algorithmes qui te poussent à scroller encore et encore. Et cela t'évite de te perdre dans le contenu.

Le deuxième obstacle est le fait que Photoshop existe. Tout comme les milliers d'applications qui permettent aujourd'hui de modifier son apparence sans que personne ne le sache. Et cela arrive tous les jours : des milliers d'influenceurs se perfectionnent en permanence. Il est important de se rappeler que personne n'est parfait, et surtout que personne n'est parfait tout le temps. Toutes ces personnes, qui semblent presque impeccables à l'écran, sont en réalité couvertes de filtres.

Même si ces images sont bien sûr, totalement fausses, cela ne signifie pas qu'elles ne nous semblent pas vraies. Et cela se répercute sur notre image corporelle, qui s'en retrouve complètement détruite. Nous comparons tous immédiatement notre corps à celui de l'influenceur et sommes tristes de ne pas être aussi parfaits. Les réseaux sociaux nous obligent donc à avoir des attentes totalement irréalistes vis-à-vis de notre corps.

Un autre problème lié à l'utilisation des réseaux sociaux est le cyberharcèlement, c'est-à-dire le harcèlement en ligne. Bien sûr, le harcèlement existait déjà bien avant l'invention des réseaux sociaux, mais ce média lui a donné plus de possibilités de faire des dégâts. En effet, derrière un écran, les gens peuvent être bien plus méchants, car personne ne les connaît ni ne les reconnaît.

Tous ces risques font que l'on se sent moins heureux après avoir utilisé les réseaux sociaux que l'on pourrait l'être sans.

Alors, comment peut-on changer cela ? Faut-il supprimer complètement et simplement les réseaux sociaux ?

101 - ... apprendre à les utiliser correctement

Il est presque impossible d'éliminer complètement les réseaux sociaux. Ils sont devenus une partie intégrante de notre vie et de notre vie sociale. De plus, ils peuvent s'avérer utiles pour beaucoup d'occasions, en reliant les gens entre eux, même à distance, et en contribuant à divertir et à informer des millions de personnes à travers le monde. Ils sont également un excellent moyen de se faire de nouveaux amis, de s'exprimer librement et de ne jamais se sentir seul.

La solution pour bien utiliser les réseaux sociaux consiste donc uniquement à suivre quelques conseils utiles pour maîtriser les risques tout en profitant des avantages. Voici quelques conseils utiles :

- Crée des limites que les autres ne peuvent pas franchir et respecte les limites des autres.
- Choisis soigneusement les paramètres de sécurité relatifs à la vie privée.
- Signale tout harcèlement moral dès que tu en prends connaissance.
- Essaie de limiter le temps que tu passes devant l'écran.
- Fais toujours attention au langage que tu utilises et au ton que tu utilises pour parler en ligne : n'insulte personne et ne porte pas atteinte à leur vie privée.
- Ne fais jamais confiance aux étrangers.

Voici quelques conseils qui peuvent t'aider. Cependant, n'oublie pas que les réseaux sociaux fonctionnent de la même manière que la vie réelle. Ne fais pas ou ne dis pas quelque chose que tu ne ferais pas ou ne dirais pas si tu étais présent dans une situation donnée. Avec un peu d'attention, tu as entre les mains un outil très puissant qui peut t'offrir de nombreuses possibilités de croissance.

EN BREF

Les médias sociaux font partie intégrante de notre vie quotidienne. Même si l'on ne peut pas prétendre les éliminer totalement, il est bon de suivre quelques règles de base pour s'assurer de ne pas prendre de risques inutiles.
Cependant, n'oublie pas que la vie réelle est très différente de la vie sociale, et c'est sur cela que tu dois te concentrer pour devenir une personne épanouie et atteindre tous tes objectifs.

CONCLUSION

Devenir adulte n'est pas toujours la chose la plus facile au monde. Cela demande beaucoup d'efforts et de temps, et il faut souvent prendre des décisions très difficiles. Il faut apprendre à gérer différents types de relations, à améliorer ses compétences et, surtout, à se connaître soi-même, ce qui peut être très souvent déroutant.

Le chemin commence par apprendre à se connaître soi-même. Rappelle-toi toujours que tout va bien pour toi et que tu dois seulement trouver tes valeurs et apprendre à les suivre, sans perdre un respect envers toi-même et en traitant aussi les autres en conséquence.

Une fois que tu as découvert qui tu es, tu dois te concentrer sur ton bien-être moral, physique et spirituel. Tous ces aspects sont fondamentaux pour prendre soin de toi.

L'école peut également être un terrain d'entraînement important à cet égard. Tu peux y apprendre tout ce qu'il y a à savoir sur la vie, le travail et ton avenir. Ne sous-estime pas les enseignements que tu reçois au cours de ces années, car ils sont sincèrement décisifs.

Enfin, pense à toujours passer beaucoup de temps avec les personnes que tu aimes, qu'il s'agisse de membres de ta famille ou d'amis. Même si ces relations ne sont souvent pas faciles à gérer, elles te donneront beaucoup de satisfaction et te conduiront toujours à une vie plus heureuse.

Nous espérons que ce livre t'a aidé. Bien sûr, c'est toujours un chemin compliqué qui demande de l'engagement et du temps. Mais nous sommes convaincus que tu atteindras tous tes objectifs si tu te donnes toujours les moyens et si tu te rappelles des conseils que nous avons évoqués.

Sois confiant : tu as déjà fait un pas vers l'homme que tu veux devenir.

Bonne chance

Printed in France by Amazon
Brétigny-sur-Orge, FR

21319558R00090